LES PHILOSOPHES

Épicure

PAUL DELAPLANE
ÉDITEUR

Épicure

LES PHILOSOPHES

(Cette collection a été honorée d'une souscription du Ministère de l'Instruction publique.)

Viennent de paraître :

Socrate, par P. Landormy, ancien élève de l'École normale supérieure, agrégé de philosophie, professeur au lycée de Bar-le-Duc. 1 vol. in-18 raisin, 2e édition, broché.. » 90

Platon, par M. Renault, ancien élève de l'École normale supérieure, agrégé de philosophie, professeur au lycée de Cherbourg. 1 vol. in-18 raisin, 2e édition, broché... » 90

Spinoza, par E. Chartier, ancien élève de l'École normale supérieure, agrégé de philosophie, professeur au lycée Condorcet. 1 vol. in-18 raisin, broché............ » 90

Descartes, par P. Landormy. 1 vol. in-18 raisin, br. » 90

Épicure, par M. Renault. 1 volume.

En préparation :

Hume, par É. Halévy, ancien élève de l'École normale supérieure, agrégé de philosophie, docteur ès lettres, professeur à l'École libre des sciences politiques. 1 volume.

Aristote, par E. Chartier. 1 volume.

Les Stoïciens, par M. Renault. 1 volume.

Pour paraître successivement :

Leibniz. — Kant. — Fichte. — Le Positivisme.

7283-03. — Corbeil. Imprimerie Ed. Crété.

LES PHILOSOPHES

Épicure

PAR

MARCEL RENAULT

ANCIEN ÉLÈVE DE L'ÉCOLE NORMALE SUPÉRIEURE
AGRÉGÉ DE PHILOSOPHIE
PROFESSEUR AU LYCÉE DE CHERBOURG

PARIS
LIBRAIRIE PAUL DELAPLANE
48, RUE MONSIEUR-LE-PRINCE, 48

Ces brèves études sur les philosophes de tous les temps sont écrites pour le grand public. Elles s'adressent, aussi bien qu'à la jeunesse des écoles, aux gens du monde curieux de l'histoire des idées. La pure érudition en est absolument bannie. L'interprétation des doctrines ne s'y trouve justifiée que par des renvois aux textes indiqués à la fin de chaque volume. Un mémento bibliographique signale d'ailleurs les principaux travaux de la critique. On a voulu surtout mettre en valeur dans chaque système ce qui en demeure vivant, ce qui en doit durer, ce qui peut orienter toute pensée en travail.

ÉPICURE

INTRODUCTION

I

VIE ET CARACTÈRE D'ÉPICURE.

Épicure est né à Athènes en 342 ou 341 avant Jésus-Christ, sept ans après la mort de Platon. Peu de temps après sa naissance, ses parents s'établirent comme colons dans l'île de Samos. Le petit champ qu'ils reçurent ne suffisant pas à leur entretien, le père tint une école, et la mère alla de maison en maison, chez les petites gens, faire des sacrifices et réciter des formules de purification, afin d'attirer sur sa clientèle la bénédiction des dieux. Son fils, dit-on, l'accompagnait dans ses tournées et l'aidait dans ses pratiques. Si le fait est vrai, il permet de comprendre comment est née chez Épicure l'aversion qu'il garda toute sa vie pour la religion.

Dès l'âge de quatorze ans, il se mit à philosopher. Un passage où le poète Hésiode déclare qu'au commencement était le chaos, frappa le jeune homme, préoccupé déjà sans doute de l'importance qu'a le hasard dans le monde. Il réclama de son professeur de lettres des explications que celui-ci ne put lui fournir, et ce fut le point de départ de ses méditations.

Il fut d'abord maître d'école à Mytilène de Lesbos, puis à Lampsaque, ville d'Asie Mineure sur l'Hellespont. Les ouvrages de Démocrite, qu'il vint à lire, le confirmèrent dans ses opinions. Vers les dernières années du IVe siècle, il s'établit définitivement à Athènes, où il vécut dans la retraite. Il y enseigna sa doctrine jusqu'à sa mort, qui survint en 270.

Il n'y a peut-être pas d'homme de combat qui ait soulevé tant de passions que ce penseur modeste. Plus heureux ou plus habile qu'Anaxagore et que Socrate, il ne fut ni exilé comme le premier, ni mis à mort comme le second. Mais on se vengea sur sa mémoire. A en croire d'obscurs stoïciens, dont les propos sont rapportés dans la vie du philosophe rédigée par Diogène de Laërte, il fut un plagiaire, un libertin, un débauché, un vil flatteur des puissants.

En même temps qu'il soulevait ces haines parmi ses adversaires, il était vénéré comme un sage par ses amis et ses disciples ; on peut dire sans exagération qu'il prit dans leur esprit la place des dieux, dont il avait pour eux détruit le prestige ; Lucrèce ne fait qu'exprimer le sentiment commun à tous les Épicuriens en s'écriant : « Celui-là fut un dieu, oui, un dieu, qui a pu trouver cette règle de vie qui porte aujourd'hui le nom de Sagesse, et, par la vertu de ses préceptes, tirer le genre humain de l'agitation et des ténèbres, pour l'établir dans un abri si tranquille sous une lumière si pure .» Le maître eut des disciples, on devrait dire des fidèles innombrables; Diogène dit que les villes pouvaient à peine les contenir; et ces disciples se transmirent à la fois la doctrine et le culte du maître jusqu'au IVe siècle après Jésus-Christ, pendant près de sept cents ans.

C'est le sort commun de ceux qui touchent à la religion, soit pour la renouveler, soit même comme Épicure pour la détruire, de susciter, en même temps que la haine des uns, l'admiration passionnée des autres.

Fut-il, comme on l'en a accusé, un plagiaire? C'est à Démocrite assurément qu'il emprunta sa physique; mais les deux autres parties de sa philosophie lui appartiennent en propre; la manière dont il écrit semble justifier la prétention qu'il eut de s'être instruit tout seul.

Fut-il un débauché et un libertin, lui qui disait : « Je suis plus avancé que mon ami Métrodore; je n'ai besoin pour vivre que d'une demi-obole, tandis qu'il lui faut encore une obole entière? » Il buvait de l'eau et mangeait du pain bis; il est vrai qu'il écrivit un jour à un de ses amis : « Envoie-moi un peu de fromage, afin que je puisse, si j'en ai envie, m'accorder un régal .»

Fut-il un flatteur des puissants, cet homme qui, aimant à vivre à l'écart du vulgaire, en compagnie d'amis sûrs, ne voulut jamais accepter aucune charge dans l'État? La vie rustique lui plaisait pour sa simplicité. A Athènes, il fut un des premiers à posséder un jardin dans l'intérieur des murs. Ce jardin, qui lui coûta quatre-vingts mines, il ne le quitta qu'à deux ou trois reprises, pour aller visiter les amis qu'il avait laissés en Ionie. Toutes les fois que l'Attique était troublée, les Épicuriens qui l'habitaient étaient assurés de trouver un asile chez le maître. Un demi-setier de vin leur suffisait, dit Dioclès, et leur breuvage ordinaire n'était que de l'eau. Tandis que dans la société pythagoricienne, comme dans la première société chrétienne, tous les biens étaient mis en commun, dans la société épicurienne, où l'on ne s'entr'aidait pas moins, chacun restait maître de ce qu'il possédait : « C'est une marque de défiance à l'égard de ses amis, disait Épicure, que d'exiger d'eux l'abandon de leurs biens : de vrais amis, sûrs de pouvoir compter les uns sur les autres, n'ont pas besoin de cette précaution. » Ses trois frères philosophaient avec lui. Des esclaves étaient admis à ses leçons. Métrodore, dès le jour où il le connut, ne le quitta plus ; cet ami dévoué mourut, avec le courage d'un homme qui sait que la mort n'est pas à craindre, sept ans avant Épicure, qui prit soin de ses deux enfants.

Pendant ses dernières années, le philosophe souffrit d'une maladie cruelle, la gravelle. A la fin, la pierre qui s'était formée dans sa vessie, l'empêchant d'uriner, comme au bout de quatorze jours de douleurs aiguës, il sentait la fin approcher, il écrivit la lettre suivante à un de ses disciples, Idoménée : « C'est au jour le plus heureux, au jour suprême de ma vie que je t'écris ceci. Le mal que ma vessie et mes reins me font souffrir est tel que rien ne peut s'ajouter à son intensité. Si aiguës que soient mes souffrances corporelles, elles sont compensées cependant par la joie de l'âme que me fait éprouver le souvenir de ma doctrine et de mes découvertes. Je peux attendre de toi, si j'en crois les sentiments que depuis ta première enfance tu as montrés pour moi et pour la philosophie, que tu te fasses le protecteur des enfants de Métrodore. »

Après s'être acquitté de ce devoir envers son ami regretté, pour faire trêve un moment à ses souffrances, il se mit dans un bain chaud et but un peu de vin. Il eut ainsi la force de recommander à ses disciples présents de ne point oublier ses préceptes, puis il expira.

Par le testament qu'il laissait, il affranchissait d'abord quatre esclaves initiés à sa doctrine, il prenait soin que les enfants de Métrodore fussent pourvus du nécessaire, et veillait à ce que sa philosophie continuât à être enseignée dans son jardin. Il prescrivait en même temps à ses disciples de se réunir aux jours anniversaires de sa naissance, pour prendre en commun un repas en mémoire de lui. « Le vingtième jour de la lune de chaque mois, ajoutait-il, on traitera tous ceux qui nous ont suivis dans la connaissance de la philosophie, afin qu'ils se souviennent de moi et de Métrodore. » Le sentiment de l'amitié, et le souci de sauver de cette seconde mort qu'est l'oubli sa personne et sa doctrine, sont les deux traits dominants du caractère d'Épicure. C'est parce qu'il connaissait notre faiblesse qu'il attachait tant de prix à l'acquisition d'amis fidèles; c'est parce qu'il ne croyait pas à l'immortalité de l'âme, qu'il prenait tant de précautions pour que son œuvre du moins et le souvenir qu'il laissait ne fussent pas dispersés comme ses cendres.

Il y réussit : pendant sept siècles, son école eut régulièrement des chefs, qui veillèrent à ce que la doctrine ne subît aucune altération ; les disciples continuèrent, comme du vivant du maître, à apprendre par cœur sinon ses trois cents ouvrages, du moins les résumés qu'il avait laissés. La plupart portaient sur eux les Maximes, rédigées par Épicure lui-même ; tous se répétaient plusieurs fois par jour la formule du quadruple remède : « Le bien est aisé à atteindre, le mal facile à supporter ; les dieux ne sont point redoutables, la mort n'a rien d'effrayant. » Aucune école ne fit preuve d'une telle docilité, d'une telle orthodoxie ; aussi l'histoire de l'école épicurienne se résume-t-elle dans celle de son fondateur ; en connaissant Épicure, on connaît tous les Épicuriens.

Diogène a raison d'estimer qu'un homme grossier et vulgaire n'eût jamais pu exercer une influence si profonde et si durable. Comment se fait-il cependant qu'il ait été l'objet de tant d'accusations ? Il niait l'intervention des dieux dans le monde et l'immortalité de l'âme : c'était supprimer, avec la crainte des dieux, de la mort et des supplices infernaux, les seuls motifs qu'ont bien des hommes pour se résigner à porter le fardeau de la vertu ; il est naturel que ceux-ci n'aient plus compris pourquoi Épicure, affranchi de toute religion, aurait pu continuer à aimer ses amis et à se conduire honnêtement ; il n'est pas étonnant qu'ils aient nié la vérité d'un fait que leurs préjugés les empêchaient de croire vraisemblable.

Aujourd'hui on est unanime à reconnaître qu'Épicure fut calomnié. Mais beaucoup estiment que, s'il fut vertueux, ce ne fut point grâce à sa doctrine, que ce fut en dépit d'elle; qu'il fut sauvé de la vie sensuelle par sa nature délicate d'Athénien raffiné, mais que ses principes matérialistes devraient conduire à l'immoralité ceux qui les suivraient jusque dans leurs dernières conséquences. Cette opinion est-elle fondée? est-il vrai qu'aucune règle de vie ne puisse être déduite du matérialisme, ou bien cette doctrine au contraire peut-elle légitimement aboutir à une morale? dans ce dernier cas, quelle peut être cette morale? La pensée contemporaine ne saurait se désintéresser de ces questions : car nombreux sont aujourd'hui ceux qui soutiennent, en se réclamant de la science moderne, la doctrine du matérialisme. Il arrive assez souvent que, dans la vie pratique, ces hommes sont passionnés pour autre chose que pour le plaisir; la morale qu'ils reconnaissent lorsqu'ils se prennent d'enthousiasme pour le droit et la justice est-elle bien celle qui se déduit des principes qu'ils professent? C'est ce qu'Épicure leur dira.

II

OBJET ET DIVISIONS DE LA PHILOSOPHIE.

La philosophie est une théorie de la nature. Montrer ce qui subsiste sous ce qui passe, examiner s'il peut exister quelque principe immatériel ou si au contraire l'âme elle-même n'est que matière, si le monde a été créé, organisé par une intelligence souveraine, ou si au contraire il s'est formé de lui-même, rechercher enfin selon quelle règle nous devons juger, selon quelle règle nous devons agir, tel est l'objet de la philosophie.

Pourquoi se poser toutes ces questions et se donner la peine d'en chercher la solution? Est-ce par pure curiosité? pour le simple contentement de posséder la vérité?

Ce n'est pas la vérité que poursuit Épicure, ou du moins, s'il la cherche, ce n'est pas pour elle-même, mais seulement dans la mesure où elle est indispensable à la vie bienheureuse. Elle n'est pour lui qu'un moyen : la fin qu'il se propose est le bonheur.

Platon et Aristote font de la passion pour la vérité à la fois la marque distinctive du philosophe et la vertu par excellence; ils comptent sur elle pour contenir et même supprimer les autres passions, nuisibles à l'activité intellectuelle; ils veulent que celui qui se destine à la philosophie soit avide de toute science; ils prétendent que, dans le fait de s'unir par l'intelligence à ce qui est toujours le même de la même manière, il y a une joie pure, qui est le bonheur suprême.

Épicure ne juge pas que la vérité soit par elle-même une récompense des efforts qu'on fait pour l'atteindre; ce n'est pas pour elle qu'il la veut, c'est pour l'utilité qu'il en espère. Le bonheur, ce n'est pas en elle qu'il le voit, c'est dans les effets qu'elle a sur nous. Loin d'exiger du philosophe qu'il soit curieux de toutes les sciences, il les lui interdit pour la plupart; pour avoir accès dans le jardin d'Épicure, non seulement il n'est pas indispensable, mais il est même nuisible d'être exercé à la géométrie, réputée mensongère; la rhétorique est proscrite de son école, comme inutile : ne suffit-il pas de se faire entendre clairement, sans qu'il soit besoin d'ordonner de beaux discours? la dialectique fait de trop longs détours; Épicure ne veut même pas qu'on étudie de la physique, de la météorologie plus qu'il n'est nécessaire pour détruire les superstitions. Il a peur que, dans ces recherches inutiles, le philosophe se divertisse de ce qui doit être son souci constant, la direction de sa vie. Platon, Aristote lui paraissent faire fausse route; il ne s'agit point d'arracher l'homme à lui-même; il faut au contraire le ramener énergiquement à ce qui ne doit pas cesser d'être sa grande affaire, le soin de son salut. Certes il n'est pas question de salut éternel; mais s'il est vrai que la mort est définitive et ne laisse rien subsister de nous-mêmes, nous devons d'autant moins négliger l'œuvre de notre bonheur. Ce qui fait aux yeux de Platon et d'Aristote le mérite de la curiosité intellectuelle, le fait que celui qui est possédé du désir de savoir finit par perdre le souci de lui-même, est précisément ce qui la condamne aux yeux d'Épicure. « Le sage, déclare-t-il, ne doit rien faire qui ne soit dans son propre intérêt. » L'ambition et la cupidité ne sont pas plus dangereuses pour lui que l'amour de la vérité. Comme le fervent Pascal, l'impie Épicure fait de la curiosité d'esprit une sorte de péché.

La philosophie, telle que la comprennent Platon et Aristote, ne peut s'adresser qu'aux plus grandes âmes, c'est-à-dire à une élite. Épicure n'a rien à faire avec les grandes âmes. Aussi, n'est-ce pas une élite seulement, mais l'humanité tout entière qu'il convie à sa philosophie. La vérité n'a de délices que pour un petit nombre d'hommes; mais tous ont soif du bonheur; que tous s'appliquent donc à cette philosophie qui promet le bonheur. « Que le jeune homme, écrit Épicure à Ménécée, ne diffère point le moment de se mettre à l'étude de la philosophie; que celui qui vieillit ne se lasse point de philosopher. Car pour posséder la santé de l'âme, personne n'est trop jeune ni trop vieux. Celui qui dit que le moment de philosopher n'est pas encore venu ou est passé pour lui, ressemble à quelqu'un qui dirait qu'il n'est pas encore ou qu'il n'est plus temps pour lui d'être heureux... Il faut donc entretenir en soi-même les méditations qui produisent le bonheur, puisque, lui présent, nous avons tout, et que, tant qu'il nous manque, nous faisons tout pour l'avoir. »

Jeunes et vieux, riches et pauvres, esclaves et hommes libres, attirés par ce mot de bonheur, vont donc accourir auprès d'Épicure, et lui demander qu'il leur enseigne les moyens de guérir leurs maladies, de s'enrichir, de rendre leurs champs plus fertiles, leurs industries plus prospères.

Ce n'est point ainsi qu'Épicure entend l'œuvre de la philosophie : ce matérialiste ne se soucie pas d'augmenter la prospérité matérielle des hommes. Il ne lui semble pas qu'il soit urgent, ni même utile d'accroître la richesse générale; il n'est pas plus que Rousseau un admirateur du progrès économique. Un tel jugement étonnera sans doute nos contemporains. Ils se l'expliqueront en disant qu'au IIIe siècle avant Jésus-Christ, les besoins des hommes n'étaient pas aussi nombreux, ni aussi impérieux qu'ils le sont devenus aujourd'hui après deux siècles d'inventions mécaniques; ils diront encore que sous le climat plus clément de la Grèce les nécessités de la vie ne sont pas aussi pressantes que dans nos pays septentrionaux ; ils ajouteront enfin que la science des anciens, « toute spéculative », comme dit Descartes, était impuissante à rendre l'homme « maître et possesseur de la nature », et qu'en faisant fi des applications industrielles, Épicure faisait de nécessité vertu. Mais, quelle que soit la justesse de ces explications, ils auront profit sans doute à méditer la raison qui fait dire au philosophe ancien que, déjà de son temps, l'homme était en possession de tout ce qui est nécessaire à son bonheur. C'est que naturellement, en vertu de la constitution matérielle de son corps, l'homme a des besoins limités, et que ces besoins, peu nombreux et peu exigeants, sont les seuls dont la satisfaction, d'une part, demande peu de choses, et, d'autre part, soit suivie d'un plaisir véritable. En augmentant notre confort, notre luxe, nous n'ajoutons rien à la somme réelle de nos jouissances, nous ne réussissons qu'à nous persuader faussement que d'autres besoins nous pressent que nos besoins naturels ; et comme ces besoins imaginaires, artificiels, ne peuvent jamais aboutir à une satisfaction qui en soit le terme, ils déterminent en nous une inquiétude qui nous prive à jamais de goûter la joie du repos. « Vous n'avez point dans vos maisons, dit Lucrèce d'après son maître, des figures de jeunes gens en or, tenant dans leur main droite des torches enflammées, pour prodiguer la lumière à vos festins nocturnes? On ne voit point dans votre demeure l'éclat de l'or et le reflet de l'argent; on n'entend pas l'écho de la lyre sous les vastes espaces de vos lambris dorés? Qu'importe; si vous pouvez avec vos amis vous étendre sur le frais gazon, près d'une source pure, sous le feuillage d'un arbre élevé? Là, sans beaucoup de frais, on apaise agréablement sa faim, surtout quand la saison sourit et que le printemps sème de fleurs les vertes prairies. Et la fièvre brûlante quittera-t-elle plus vite votre corps, parce qu'il s'agitera dans la pourpre et les broderies précieuses, au lieu d'être gisant sous la laine grossière du plébéien? C'est donc pour notre corps quelque chose de vain que les trésors, la naissance et la majesté royale. »

Il y a deux voies pour atteindre le bonheur : l'une courte et droite, l'autre pleine de détours et indéfinie. Par la première on atteint tout de suite le souverain bien; ceux-ci la suivent qui bornent leurs désirs à leurs besoins essentiels. Quant à ceux qui suivent l'autre voie, qui veulent atteindre le bonheur en se laissant entraîner à sa poursuite par la meute toujours plus acharnée de leurs désirs insatiables, ils sont destinés à le voir fuir à chaque détour de la route indéfinie, sur laquelle ils ont eu l'imprudence de s'engager. « Épicure, dit Lucrèce, vit des hommes opulents, comblés d'honneurs et de gloire, fiers de la bonne renommée de leurs enfants, et cependant il n'en trouva pas un qui, dans le for intérieur, ne fût bourrelé d'angoisses, et dont la vie ne fût attristée par les vaines plaintes d'un cœur souffrant. Alors il découvrit la cause de tant de plaintes amères et de reproches : il comprit que le mal venait de notre cœur même... que c'était un vase mal clos et percé, qu'on ne saurait jamais remplir. » Ce qui fait le plus défaut aux hommes, ce n'est donc pas l'art de satisfaire leurs désirs, c'est plutôt l'art de les limiter; ce n'est pas sur les choses qu'il faut leur apprendre à agir, c'est sur eux-mêmes. Leurs désirs sont indéfinis; c'est le signe qu'ils ne sont pas naturels. Qu'importe que le corps soit sain, si l'âme est malade? Ce n'est donc pas du corps des hommes qu'il faut se soucier, mais de leur âme. Descartes, qui croit que l'âme est une substance immatérielle, déclare que s'il est un moyen de rendre communément les hommes plus vertueux, c'est de mieux satisfaire leurs besoins grâce aux inventions mécaniques, de mieux conserver leur santé grâce à la médecine, en un mot, d'agir sur leur corps. Le matérialiste Épicure assure, au contraire, que les hommes ne seront heureux que lorsqu'ils pratiqueront l'art de modérer leurs désirs.

Puisqu'il s'agit, pour rendre les hommes heureux, de mettre une borne à leurs désirs, la religion s'offre pour cet office et semble rendre inutile la philosophie. La crainte des dieux paraît fort propre à modérer nos appétits excessifs : ne croit-on pas qu'ils sont les maîtres des événements de ce monde, et qu'ils sont, en outre, les justiciers tout-puissants de l'autre monde, où les âmes, dit-on, pénétront après la mort ?

Favorable à la modération des désirs, la religion doit cependant être rejetée parce qu'elle est incompatible avec le bonheur. Ce qui fait le malheur des hommes, ce n'est pas seulement que leur âme est un abîme sans fond, dans lequel on n'aura jamais fini de verser de nouveaux plaisirs ; c'est que cet abîme est rempli de ténèbres et hanté par des fantômes terrifiants. L'humanité souffre d'un double mal : la multiplication des besoins et la superstition. La religion est peut-être un remède au premier ; mais elle est elle-même la cause du second. Tant que les hommes s'imagineront que les événements sont gouvernés par des dieux, maîtres du bonheur et du malheur des mortels, tant qu'ils craindront la mort, et croiront qu'une partie d'eux-mêmes survit à leur corps et se trouve exposée aux pires aventures dans un monde inconnu, ils auront beau être riches et puissants, ils auront beau être modérés dans leurs désirs, la peur d'avoir mécontenté la divinité les poursuivra toute leur vie, et empoisonnera leur cœur. « C'est un vain avantage, dit Lucrèce, que de voir des légions qui t'obéissent soulever la poussière de la plaine et présenter à tes yeux les images de la guerre, avec leurs puissantes réserves, leur forte cavalerie, leurs rangs qui brillent sous les armes, leurs mouvements animés d'un même esprit ; c'est en vain que tu vois les flottes soulever l'écume de la mer dans leurs vastes évolutions, si tu ne peux par ces représentations mettre en déroute les craintes superstitieuses, et si les terreurs de la mort n'abandonnent alors ton cœur affranchi de ses inquiétudes. Non, tout cela n'est qu'un jeu et une comédie : les terreurs de l'âme humaine ne craignent pas le fracas des armes, ni les glaives meurtriers ; elles séjournent hardiment parmi les rois et les puissants de la terre ; elles ne redoutent pas l'éclat des couronnes d'or, ni la splendeur des étoffes de pourpre. Comment donc peux-tu douter que le pouvoir de les conjurer soit le privilège de la science ? »

C'est parce que la religion existe, que la philosophie doit exister. C'est parce que le genre humain gît écrasé sous le despotisme des dieux, que la philosophie doit s'employer à le relever, à l'affranchir, à faire évanouir par la pure lumière de la raison les vains fantômes qui l'effraient. Voilà pourquoi il faut prendre la peine de se faire une théorie de la nature, se demander si les dieux gouvernent le monde et si l'âme est immortelle.

De ces considérations se déduisent aisément les divisions de la philosophie.

La fin de nos recherches étant de découvrir comment nous devons vivre, la partie essentielle de la philosophie sera celle qui règle les mœurs, l'*éthique*. Mais pour que nous puissions nous diriger avec assurance dans la vie, il faut que nous nous connaissions nous-mêmes, que nous sachions ce qu'est notre corps et surtout notre âme, dans quel rapport ils sont avec le monde et celui-ci avec l'univers : l'éthique suppose une théorie de la nature, une *physique*. Nous ne pourrons enfin établir avec certitude cette physique qu'à la condition de posséder le moyen de distinguer dans nos jugements le vrai du faux ; la partie de la philosophie qui traite du criterium de la vérité se nomme *canonique*. Théoriquement, c'est par celle-ci que nous devrions commencer l'exposé de la philosophie d'Épicure. Mais on comprendra, croyons-nous, plus facilement la canonique, si elle est précédée de la physique.

PHYSIQUE

I

PRINCIPES GÉNÉRAUX.

Permanence de l'être. — *Rien ne se crée.* S'il était vrai, en effet, qu'une chose quelconque pût être créée, c'est-à-dire sortir du néant, nous ne verrions pas la nature agir comme elle le fait : n'importe quelle espèce d'êtres pourrait naître indifféremment n'importe dans quel milieu ; on verrait de la mer sortir des hommes, de la terre des poissons ou des oiseaux ; ni pour l'éclosion des fleurs, ni pour la maturité des fruits il n'y aurait de saison déterminée ; aucune durée ne serait exigée pour la croissance des corps : des enfants se transformeraient soudain en hommes. Le travail enfin serait inutile ; le laboureur, qui ouvre péniblement la terre pour y déposer la semence, sait bien que rien ne naît de rien.

Rien ne se perd. Si l'anéantissement de quoi que ce soit était possible, on verrait les corps disparaître soudain et s'évanouir sans laisser de traces ; il est certain que l'eau qui tombe disparaît dans la terre ; mais elle n'est point perdue, puisque à quelque distance elle reparaît dans les sources. Ne croyons donc point que ce qui disparait à nos sens, cesse absolument d'exister. Si toutes les transformations des choses et des êtres étaient des destructions, l'univers évoluant sans cesse, il y a longtemps que tout serait détruit.

La permanence de l'être, telle est la vérité sur laquelle Épicure insiste au début de sa philosophie. Cet être véritable, permanent, qui n'a pu être créé, et qui ne sera jamais détruit, n'est rien d'abstrait; il est ce qui tombe sous les sens, le corps, la matière.

Pour bien saisir le caractère de la philosophie d'Épicure, il faut l'opposer à celle de Platon. Au lieu d'attirer tout d'abord notre attention sur la permanence de l'être, Platon nous invite à méditer sur l'inconsistance, la fluidité de ce que nous prenons d'abord pour l'être, des choses qui tombent sous les sens. Le commencement de la philosophie n'est pas pour lui le commentaire de la parole de Parménide : l'être est, mais celui de la formule d'Héraclite : tout s'écoule. Platon sait bien que l'être vraiment digne de ce mot, l'être, objet de la pensée véritable, de la science, est immuable, qu'il n'a jamais commencé et qu'il ne cessera jamais d'être, mais il ne veut pas le reconnaître dans ce qui tombe sous les sens; ce qui nous est ainsi donné, loin de lui apparaître immuable, lui semble être le changement, le devenir même. Il force ainsi la pensée à reconnaître que l'être n'est pas la matière, la chose, mais l'idée. Le propre de la doctrine qui a reçu le nom de matérialisme est de nier qu'il soit nécessaire, comme le croient les partisans de la raison, de chercher ailleurs que dans ce qui est senti l'être permanent;

le matérialiste ne veut pas que l'on dépouille le monde sensible au profit d'un monde suprasensible, et toutes les richesses qu'un Platon renferme dans le monde des idées, il se fait fort de les découvrir dans le monde des corps.

Si Épicure posait sans démonstration et comme un principe évident que rien ne se perd, rien ne se crée, il serait inconséquent avec lui-même ; car il reconnaîtrait qu'une des notions les plus indispensables à toute théorie sur la nature, celle de la permanence de l'être, est proclamée vraie par nous, indépendamment de toute expérience, qu'elle est pensée *à priori*, qu'elle est, comme le disait poétiquement Platon, une réminiscence, ou, selon l'expression des modernes, une idée innée ; il cesserait d'être vrai dès lors que tout ce que possède notre esprit est emprunté au monde des corps. Aussi Épicure prend-il soin de donner une démonstration du principe de substance, et une démonstration expérimentale. Si nous savons que l'être est éternel, ce n'est pas, comme le pensaient Parménide et Platon, par suite d'une intuition, d'une vue intellectuelle, c'est par une induction fondée sur les données des sens ; le principe que rien ne se perd, rien ne se crée n'est qu'une hypothèse, mais une hypothèse qui s'appuie sur un nombre incalculable d'expériences familières : on ne peut s'empêcher d'admirer ici avec quelle sûreté Épicure ouvre la voie que devaient suivre plus tard Hume et Stuart Mill.

L'univers ne contient que les corps et le vide. — Qu'il y ait des corps, c'est ce qui tombe sous les sens ; nous ne sommes pas maîtres de sentir ici du rouge, là du noir ; c'est donc que ces sensations sont dues à une chose qui fait impression sur nous ; cette chose est le corps ; la réalité des corps est donc évidente.

Il n'en est pas de même de la réalité du vide ; car il ne saurait faire impression sur les sens. Il ne peut être atteint qu'indirectement, par un raisonnement, par une induction tirée de ce qui tombe sous les sens. Si le vide ne tombe pas sous les sens, le mouvement est senti ; la moindre expérience rend évident que les corps se déplacent. Or le vide est une condition du mouvement. Pour qu'un corps puisse se déplacer, en effet, l'expérience nous apprend qu'il est nécessaire que la place soit libre devant lui. Si donc tout était plein, aucun mouvement ne pourrait se produire ; comme il est évident que le mouvement existe, il est certain que le vide existe.

Il y a donc une nature palpable, résistante, le corps, une nature impalpable, qui n'offre point de résistance, le lieu, l'espace vide ; hors de là, il n'y a rien qu'on puisse saisir ni par aucune sensation, ni par aucune induction. Il n'existe donc point de principe immatériel : si l'âme, les dieux ne sont pas de purs néants, ce sont des corps.

Les corps que nous voyons et touchons sont composés de corps élémentaires, invisibles et indivisibles, appelés atomes. — Supposons que chaque objet ou être visible soit, pour ainsi dire, d'une seule pièce, forme un tout continu, indivisible, chaque fois qu'un être périt, la somme de l'être se trouve diminuée. Si la proposition première est vraie, si la somme de l'être reste constante, il faut que les êtres que nous voyons à chaque instant périr, les corps à la disparition desquels nous ne cessons d'assister, soient des corps composés, et que l'anéantissement ne porte que sur la manière dont sont agrégés ensemble les éléments indestructibles. Pour que le tout reste constant, il faut, en effet, que la destruction d'un corps soit compensée par l'augmentation d'un autre ; ce qui ne peut se concevoir que si l'on admet que la substance de chaque corps est faite de particules trop fines pour être aperçues de nos sens, que ces parcelles sont dans un mouvement perpétuel, de telle manière que ce qu'elles abandonnent paraisse s'anéantir, ce qu'elles viennent grossir paraisse surgir à l'existence. Ainsi créations, destructions n'auront lieu qu'en apparence ; en réalité, il n'y aura que déplacement de particules imperceptibles. L'hypothèse des atomes est le seul moyen de comprendre comment il peut se faire à la fois qu'aucun être fini, ni homme, ni animal, ni plante, ni pierre, ni monde, ne soit perpétuel et que cependant l'univers dans son ensemble ne perde pas une parcelle de la réalité qui le constitue. Héraclite a raison : tout périt : cela est vrai des corps composés. Mais Parménide aussi a raison : tout se conserve, cela est vrai des corps primitifs.

On comprend aisément pourquoi il est nécessaire que les corps élémentaires ne deviennent sensibles qu'en masse, mais que chacun d'eux, pris isolément, échappe par sa petitesse à nos sens, à la vue aussi bien qu'au toucher. C'est que rien de ce qui est senti n'est immuable, et que si Épicure commettait l'imprudence de soumettre à nos sens la substance élémentaire, on aurait bientôt fait de lui montrer des altérations dans cet être prétendu permanent. Pour le sauver de la destruction, il faut donc qu'il le relègue hors de ce qui constitue proprement le monde sensible, dans cette région obscure que n'éclaire point directement la sensation, et qui n'est explorée que par l'induction.

Pourquoi faut-il maintenant que les corps élémentaires soient indivisibles, soient des atomes? Épicure ne peut pas admettre que la matière soit divisible à l'infini; si, en effet, il n'y avait pas d'éléments indécomposables, rien ne serait permanent, et la proposition première serait contredite. Supposons que la division de la matière aille à l'infini, un corps serait composé d'autres corps, qui, à leur tour, seraient composés; ces derniers ne seraient qu'un agrégat divisible de corps plus petits, qui à leur tour ne seraient qu'un assemblage et ainsi de suite; de sorte qu'il n'y aurait pas d'éléments; chaque chose ne serait que composition, assemblage; en définitive, il n'y aurait rien. Il faut donc admettre que la division de la matière s'arrête quelque part, et qu'il y a des corpuscules étendus, qui, ne pouvant subir aucun partage, aucune diminution, passent intacts à travers toutes les transformations possibles.

Ainsi les atomes, tout en étant plus petits que tout ce que nous pouvons percevoir, que les grains de poussière, par exemple, que nous voyons voltiger dans un rayon de soleil, pénétrant dans une chambre obscure, ne sont pas cependant de dimensions nulles et ne se réduisent pas à des points : le point est une notion géométrique, et, comme toutes les notions géométriques, une notion fausse. Un point n'a pas de réalité; nous n'avons jamais perçu de points : tout ce que nous percevons a quelque dimension. Sans doute aucun corps de l'ordre de grandeur des atomes n'est jamais tombé directement sous nos sens; c'est néanmoins sur le modèle des corps qui tombent sous nos sens que nous devons nous figurer les atomes, c'est-à-dire avec des dimensions qui, tout en étant insensibles, puissent être imaginées.

Si l'on eût fait à Épicure cette objection qui vient à l'esprit de tous ceux qui étudient sa doctrine, à savoir qu'il y a contradiction à soutenir d'un côté que les corps simples sont indivisibles, et de l'autre qu'ils sont étendus, c'est-à-dire qu'ils ont des parties diversement situées les unes par rapport aux autres, il est probable qu'il ne se fût guère ému, et qu'il eût répondu simplement que c'est s'embarrasser d'une difficulté vaine, d'une difficulté de logicien. N'est-ce pas, en effet, oublier que la nature des choses n'a pas à se plier à nos idées, à nos exigences intellectuelles, et que c'est au contraire à notre esprit de se conformer à la réalité? Il a été démontré que cette théorie sur les atomes est indispensable à l'explication du fait le plus constant de notre expérience, la permanence de la matière : d'où la raison tirerait-elle de quoi la condamner, elle qui tout entière dérive des sens? Dire que les atomes sont divisibles parce qu'ils ont quelque étendue, c'est procéder *à priori*, c'est raisonner en géomètre. Sans doute, à propos de toute étendue, si petite qu'elle soit, nous pouvons en imaginer une division possible; mais de quel droit en conclure que cette division possible abstraitement soit possible naturellement, et devienne jamais une division réelle, lorsque toute notre expérience nous montre qu'il y a des corps et que la matière qui les constitue reste permanente? Se fier à la raison au point de ne pas tenir compte des données des sens, c'est, au fond, tomber dans une erreur semblable à celle des théologiens : car c'est s'obstiner à croire que l'esprit humain est le centre de l'univers, que les choses s'ordonnent suivant ses exigences, et que la nature gravite autour de lui. Admettre l'existence des atomes est du reste le seul moyen d'éliminer de l'univers toute pensée directrice, toute intervention providentielle et de recouvrer, par suite la tranquillité d'esprit. Le repos de l'âme est un bien trop précieux pour qu'on hésite à l'acheter, serait-ce au prix de quelque inconséquence.

L'univers est infini : l'espace s'étend à l'infini, le nombre des atomes est infini. — Presque tous les philosophes anciens admettaient que l'univers est borné; ils le concevaient pour la plupart comme une sphère régulière. Infinité leur paraissait synonyme d'imperfection; fini, sphérique, le monde leur semblait plus beau qu'illimité et dépourvu de forme géométrique. Épicure est, avec son maître Démocrite, le seul penseur de l'antiquité qui ait proclamé l'infinité de l'univers.

Assurément aucune expérience ne peut décider la question de savoir si l'univers, le tout des choses, est fini ou infini : force nous est ici encore de faire des conjectures, autrement dit, de nous en remettre à la raison. Mais ces conjectures sur ce qui ne comporte pas l'évidence sensible ne doivent pas être faites d'après une mauvaise méthode, c'est-à-dire d'après nos idées de beauté, en définitive d'après nos préférences personnelles; elles doivent se conformer aux faits de l'expérience. Or toutes les fois que nous percevons un objet fini, cet objet se trouve encadré par d'autres corps qui le limitent; ceux-ci à leur tour ne sont finis que parce qu'au delà de l'étendue qu'ils occupent s'étend un autre espace occupé par de nouveaux corps, et ainsi de suite. Jamais il ne nous est arrivé de rencontrer l'extrémité de l'espace. Pourquoi dès lors supposer que cette extrémité existe quelque part dans l'univers, à une distance plus ou moins grande de nous? Aucun fait n'autorise une semblable induction. Toutes nos expériences au contraire nous habituent à étendre après une étendue une autre étendue qui l'enveloppe, et après celle-ci une autre, et ainsi de suite sans fin Concluons donc que le tout, l'univers est infini, sans oublier qu'il n'y a pas là une exigence *à priori* de notre esprit, une exigence rationnelle, mais une induction fondée *à posteriori* sur notre expérience constante, une exigence des choses.

L'univers étant infini, il faut que l'espace vide soit infini en même temps que le nombre des atomes. L'infinité d'un des deux éléments du tout entraine, en effet, l'infinité de l'autre. Si, la matière étant infinie, l'espace était fini, elle ne pourrait pas s'étendre dans un univers trop étroit pour elle. Si, au contraire, l'espace étant infini, le nombre des atomes restait fini, ceux-ci, flottant dans l'ample sein de la nature, s'y perdraient, ne se rencontreraient jamais et ne donneraient naissance à aucun corps composé, perceptible : ce qui est contraire à l'expérience.

Pour atteindre ainsi, deux cents ans avant notre ère, la conception moderne de l'univers, pour briser les limites étroites dans lesquelles la tradition philosophique enfermait la réalité, Épicure n'a pas besoin de lunettes astronomiques ni de télescopes ; les faits les plus familiers de l'expérience commune sont un point d'appui suffisant à la pensée du philosophe.

L'univers infini ne saurait avoir de centre ; par conséquent la terre, avec tout ce qui, d'après la science rudimentaire de l'époque, s'y rattache, avec les planètes, le soleil, et même les étoiles visibles, ne forme qu'un des systèmes, un des mondes innombrables qui peuplent l'immensité. Au lieu d'occuper le centre d'une sphère limitée, l'homme n'est plus qu'un être imperceptible jeté, selon l'expression de Pascal, dans un canton de la nature. Comment croire dès lors que tout ce qui existe n'ait été fait que pour lui permettre de vivre et de se développer et qu'ainsi l'infini n'existe que pour le fini? Que devient, à la lumière de cette nouvelle découverte d'Épicure, l'antique croyance à la Providence, à la finalité? Même en supposant que ce monde terrestre existe seul, on comprend difficilement que les dieux puissent surveiller et diriger tous les événements qui s'y accomplissent. Mais voici que ce monde n'existe pas seul. Avec celui-ci les dieux ne suffisaient pas à leur tâche, que vont-ils devenir en présence du nombre infini des mondes dont Épicure leur impose le gouvernement? Il est manifeste qu'ils ne peuvent que reculer devant l'énormité de la besogne. Convainquons-nous donc que, ne pouvant agir partout à la fois, ils abandonnent tous les mondes, y compris le nôtre, au jeu des lois naturelles et de l'aveugle fortune.

Les seules qualités des atomes sont la solidité, la figure et le poids. Les autres qualités, froid, chaleur, couleur, sonorité, odeur, saveur ne sont qu'en nous. — Considérés en eux-mêmes, indépendamment de leurs rapports les uns avec les autres, les atomes doivent être immuables. Si on leur attribue des propriétés périssables, ils deviendront, comme les corps composés, sujets à la destruction, et il ne subsistera plus rien de permanent : c'est sur eux que repose le salut de l'univers.

Allons-nous donc leur attribuer le froid et la chaleur? Mais il est manifeste que ce sont là des états fugitifs des corps, qui passent à chaque instant du chaud au froid, du froid au chaud. La sonorité, l'odeur et la saveur, loin d'être des propriétés constantes, n'appartiennent même pas à tous les objets. Il semble que toutes les choses soient revêtues de couleur et que nous devions supposer par suite que les corps premiers sont eux-mêmes teints des nuances visibles dans les corps composés. Il n'en peut être ainsi parce que les couleurs sont changeantes : sans rien perdre de la matière qui la constitue, sans recevoir non plus l'addition d'aucune matière nouvelle, la vague qui déferle passe du vert sombre au blanc éclatant ; le cou de la colombe, la queue du paon, au moment même où l'animal fait un mouvement et reçoit d'une manière nouvelle les rayons lumineux, présentent les nuances les plus diverses, passent en un clin d'œil du vert au rouge ou au violet. C'est donc que la couleur, comme les autres qualités sensibles énumérées plus haut, n'appartiennent pas aux choses en elles-mêmes, mais résulte d'un arrangement, d'une disposition des atomes qui sont incolores, comme ils sont dépourvus, quand on les considère à part les uns des autres, de froid et de chaud, de sonorité, d'odeur et de saveur.

Quelles sont donc les qualités qui appartiennent en propre aux atomes ? Ce sont celles que perçoit le toucher. La *solidité*, d'abord, qui est telle qu'aucun choc, si violent qu'il soit, ne peut entamer un atome, et que les corps premiers subissent sans se laisser détruire les pressions les plus fortes : elle est une conséquence de leur indivisibilité.

Chaque atome possède ensuite une *figure* invariable, puisque chacun doit à la fois être étendu et indestructible. Si les atomes n'avaient pas de figures déterminées, ils pourraient se déformer indéfiniment, ils se composeraient entre eux selon des modes incessamment nouveaux, et ces variations dans les assemblages des corps composants se traduiraient par des variations continuelles dans les propriétés sensibles des corps composés; ceux-ci n'auraient plus de nature fixe, et rien de constant n'apparaîtrait plus dans l'univers. Il est vrai que les différentes espèces de corps ont des propriétés différentes ; à un examen approfondi, il apparaît même qu'il n'y a pas dans la nature deux corps identiques ; mais chaque corps du moins a des propriétés définissables : la constance dans les propriétés suppose que les atomes se composent entre eux d'une manière stable, que par suite la figure de chacun reste immuable. Pour rendre compte de la variété des êtres naturels, il faut admettre que les figures que peuvent revêtir les atomes sont fort nombreuses : des atomes sont cubiques, d'autres sphériques, d'autres en forme d'ellipses ; certains sont lisses, d'autres ont des aspérités et sont crochus. Mais les figures adoptées par les atomes ne sont pas en nombre infini : car leurs dimensions ne peuvent pas dépasser un maximum, au-dessus duquel ils deviendraient perceptibles ; et il y a des figures tellement complexes que seuls des corps trop grands pour être des atomes pourraient les adopter. « Si l'on prend, en effet, dit Lucrèce (liv. II, v. 483 sqq.), un seul atome d'une petitesse constante, la variété des figures qu'il peut recevoir est limitée. Supposez que *les corps premiers, en poussant la division au dernier degré, se composent de trois parties ou un peu plus ;* essayez de toutes les dispositions dont toutes les parties d'un seul atome sont susceptibles, en les faisant passer du bas en haut, de la gauche à la droite ; après avoir épuisé toutes les figures que ce corps peut prendre, si vous cherchez à les varier encore, il y faudra joindre de nouvelles parties ; et successivement, par la même raison, plus tu voudras augmenter la variété des figures, plus l'arrangement exigera de parties. Ainsi l'accroissement de la masse suit la nouveauté des formes. » Ce texte semble indiquer que les Épicuriens ne concevaient même pas la divisibilité mathématique de l'étendue à l'infini : c'est ainsi seulement qu'on peut comprendre qu'Épicure ait pu soutenir que la forme d'une figure dépendait de ses dimensions absolues : on ne saurait pousser plus loin le mépris de la géométrie.

Le nombre des atomes étant infini, et le nombre des figures étant fini, il faut nécessairement qu'il y ait un nombre infini d'atomes de chaque figure.

Solides, figurés, les atomes sont encore *pesants*. La pesanteur est, en effet, une propriété qui appartient à tous les corps. Il ne faut pas que les apparences nous égarent. Sans doute, nous voyons la fumée, la flamme s'élever dans l'air, mais nous voyons aussi le liège ou le morceau de bois que nous enfonçons dans l'eau, rebondir, aussitôt que nous les lâchons, jusqu'à la surface : nous ne dirons pas cependant que par nature le liège ou le bois sont légers, c'est-à-dire dépourvus de pesanteur. Le fait s'explique parce que la substance de l'eau, formée d'un groupement plus serré d'atomes, est plus dense que celle du bois ; occupant le fond du vase, l'eau en chasse le corps plongé qui est moins dense, mais qui, s'il ne rencontrait pas cet obstacle, ne manquerait pas de tomber. C'est pour la même raison, parce qu'elles sont moins denses que l'air, que la flamme et la fumée s'élèvent dans l'atmosphère. Si nous pouvions opérer dans le vide, nous constaterions qu'il n'y a pas, comme le croyait Aristote, des corps légers qui, par nature, tendent vers le haut, des corps lourds qui, par nature, tendent vers le bas. Dans les éléments de l'univers, il n'y a aucune préférence, aucune intention, aucun désir, aucune horreur, aucun des sentiments humains. Tous obéissent à la même nécessité qui les emporte vers le bas; seulement il y a concurrence entre eux, et il est naturel que ceux qui forment par leur groupement serré des corps plus denses, repoussent vers le haut ceux qui constituent des corps plus subtils.

Comme il n'existe dans la nature entière que les atomes et le vide, et que les atomes n'ont pas d'autres propriétés que la solidité, la figure et le poids, ce que nous appelons les propriétés sensibles n'existe que par rapport à nous et n'a aucune réalité en dehors de nous. Cette doctrine de la relativité des qualités sensibles est celle même qu'au début de la philosophie moderne Descartes proclame, et que de nos jours la science positive vérifie à propos de toutes les forces physiques et chimiques. Pour celle-ci non plus la chaleur ou la lumière comme telles, le son comme tel, n'existent pas en dehors de nous; le phénomène réel signalé à notre conscience par ces apparences subjectives n'a rien de commun avec ce qu'éprouvent notre sens visuel, notre sens auditif ou notre sensibilité thermique; il consiste en des mouvements dans l'étendue. Il y a sans doute une raison profonde qui pousse la physique et la chimie à éliminer de la nature les qualités sensibles pour n'y laisser subsister que des mouvements mesurables. Cette raison, Épicure, guidé par Démocrite, l'a aperçue et nettement exprimée. C'est que les qualités sensibles, étant hétérogènes les unes aux autres, ne peuvent se modifier qu'en se détruisant les unes les autres. En effet, quand le blanc a succédé au vert dans la vague qui se brise, il ne subsiste plus rien de la qualité primitivement perçue ; la nouvelle qualité qui a pris sa place ne lui ressemble en rien, de sorte qu'on se trouve avoir assisté à un anéantissement et à une création. Or cela seul existe en dehors de nous qui est permanent ; il n'est donc pas possible que les couleurs, sons, odeurs, etc., qui sont des états fugitifs, existent en dehors de nous. Le changement qualitatif est inintelligible ; le seul changement qui ne soit pas une simple destruction, suivie d'une véritable création, est le changement de lieu, le déplacement, le mouvement, parce qu'il nous permet de suivre un même corps dans ses positions successives. La seule théorie de la nature, par suite, qui nous fasse saisir un objet, une matière, réellement indépendante de notre esprit, existant en soi, est celle qui nous montre dans tous les phénomènes naturels le déplacement d'éléments en eux-mêmes invariables ; la seule théorie matérialiste qui soit possible est une théorie mécaniste de la nature.

Épicure et Descartes sont d'accord pour soutenir que les qualités sensibles sont relatives aux organismes des êtres vivants ; mais s'ils soutiennent la même thèse, ce n'est point dans le même esprit. Les qualités premières, selon Descartes, sont l'étendue et le mouvement. Épicure y ajoute la dureté et le poids. Ces deux qualités sont des variétés de la résistance, puisque le corps dur est celui qu'aucune force musculaire ne parvient à briser, le corps lourd celui que nous avons peine à transporter de bas en haut. La résistance est relative à un de nos sens, le toucher. C'en est assez pour que Descartes la range parmi les qualités secondes, parmi celles qui n'existent que par rapport à nous. L'étendue, au contraire, lui paraît appartenir aux corps en soi, parce qu'aucun sens ne nous la fait connaître et qu'elle est une idée innée à l'entendement. Si à la pesanteur et à la dureté Épicure ajoute comme propriété primitive des corps premiers la figure, c'est que la figure étendue est, selon lui, une sensation du toucher. Ne nous y trompons pas, en effet; il regarde comme subjectives les qualités saisies par la vue, l'ouïe, le goût et l'odorat, mais ce n'est point qu'il renonce au sensualisme et tienne les sens en suspicion. Il refuse d'admettre qu'il y ait des idées innées, que la raison ait un contenu qui lui soit propre; ce n'est pas à elle qu'il demande la révélation des attributs essentiels de la matière, c'est à un sens, le plus sûr de tous, au toucher. Cette différence entre Épicure et Descartes est de grande conséquence. En prouvant que tous les phénomènes de la nature se réduisent à des mouvements dans l'étendue, Descartes ne croit pas compromettre l'existence indépendante de la pensée; il entend même l'établir d'une manière incontestable, puisque si le mécanisme caché sous les apparences sensibles nous est révélé, c'est que nous avons des idées innées et que notre raison est indépendante des sensations. Épicure, au contraire, en supposant derrière le rideau des qualités sensibles les atomes insaisissables aux sens, prétend ruiner la réalité de la pensée comme principe indépendant, parce que cet atome, tel qu'il le définit, n'est pas un produit, une conception de la raison, et que, si paradoxale que cette proposition paraisse, ce sont encore les sens qui, selon lui, nous révèlent l'insensible.

Les atomes se meuvent perpétuellement. Leur mouvement est dû à trois causes: la pesanteur, la déclinaison, les chocs. — Le tout comprend les atomes et le vide : tels sont les éléments des choses. Mais les éléments ne sont pas les choses; immobiles, ces atomes resteront écartés les uns des autres et ne constitueront aucun objet perceptible. Comment cette nuée impalpable, invisible, s'est-elle condensée en corps solides, liquides, gazeux, ignés ? Comment les atomes se sont-ils associés les uns avec les autres pour former les mondes innombrables de l'univers ?

Évidemment, la cause du rapprochement et de la cohésion des atomes n'est autre que le mouvement. Mais quelle est la nature de ce mouvement et quelle en est l'origine?

Cette question, Démocrite ne se l'était pas posée; il s'était contenté de dire qu'un mouvement a pour cause un autre mouvement, celui-ci un autre et ainsi de suite indéfiniment. Épicure entend trouver un premier mouvement, un commencement absolu. Démocrite s'était comporté en savant; Épicure spécule en métaphysicien. On a prétendu que cette modification à la doctrine de Démocrite était due à l'influence d'Aristote, qui, le premier, aurait nettement posé la nécessité de s'arrêter dans la régression de cause en cause, et de trouver le premier moteur. Mais on comprend mieux, semble-t-il, la préoccupation d'Épicure, quand on se rappelle que les hommes qu'il veut convaincre sont ceux qui sont attachés à la religion, et que le propre d'un esprit religieux est de désirer que les choses aient une première origine; dans son zèle pour détruire la superstition, Épicure se garde bien de contrarier cette exigence; il y satisfait en fournissant à la curiosité de ceux qu'il veut convertir une cause première autre que la divinité.

Cette cause première est double : c'est d'une part la pesanteur, de l'autre la déclinaison.

En vertu de la pesanteur, tous les atomes se dirigent de haut en bas; comme l'espace est infini, leur mouvement dans cette direction ne prendra pas de fin. La pesanteur, en effet, ne doit pas être conçue comme un mouvement vers un centre; dans l'univers il n'y a pas de centre, et dans la matière il n'y a rien qui ressemble à une affinité, à une attraction. Qu'on ne dise point non plus que la notion de haut et de bas ne signifie rien appliquée à l'univers infini; quand même ce qui, par rapport à nous, est supérieur, toucherait une infinité de fois les pieds de ceux qui sont au-dessus de nous, et quand même ce qui par rapport à nous est inférieur toucherait la tête de ceux qui sont au-dessous de nous, il n'en serait pas moins vrai qu'il y a deux directions opposées, et que tous les corps fuient l'une de ces directions pour suivre l'autre.

Si la pesanteur suffit à expliquer l'origine du

mouvement, elle ne suffit pas à rendre compte de ce mouvement particulier d'où sont sortis les mondes. En effet, elle mettra bien tous les atomes en mouvement, mais comme elle dirigera chacun d'eux vers le bas, ils suivront des lignes parallèles et ne se rencontreront pas. On ne peut pas admettre non plus que les rencontres indispensables à la formation des corps composés soient dues à la chute plus rapide des corps plus lourds ; car dans le vide, qui n'oppose aucune résistance au mouvement, tous les corps tombent également vite.

Puisque les corps se sont formés, il faut bien qu'une cause perturbatrice se soit produite. Épicure ne peut assurément pas admettre que cette cause soit la « chiquenaude » d'un dieu. Les mondes sont l'œuvre des seuls atomes. C'est donc en eux que réside la force qui va les faire dévier de la verticale et, en les précipitant les uns sur les autres, déterminer la formation des corps composés. Sans se soucier de la raillerie des doctes, Épicure ne craint pas d'affirmer, qu'outre la pesanteur, les atomes possèdent le pouvoir de s'infléchir légèrement hors de la route que la nécessité leur trace. Cette déviation est un effet sans cause ; Épicure ne le nie pas, mais pour se faire pardonner cette infraction au principe de causalité, il consent à ce que la déviation soit aussi petite que l'on voudra.

Encore une fois, la logique et la rigueur ne sont pas son affaire ; il n'a pas plus la superstition de la vérité que celle des dieux. L'hypothèse de la déclinaison lui est commode pour expliquer, sans l'aide d'aucun dieu, la formation des choses, peu lui importe qu'elle choque légèrement la raison. N'oublions pas du reste, que pour des sensualistes, comme Épicure ou Stuart Mill, le principe de causalité n'a pas une valeur absolue. Comme les principes de non-contradiction ou de substance, il est une induction, qui a pour origine l'expérience. Cette induction se vérifie le plus souvent; rien n'empêche qu'elle comporte quelques exceptions. Si Stuart Mill reconnaît que le monde qui nous entoure est soumis au principe de causalité, il n'affirme pas qu'il s'y conformera toujours, et il admet que des mondes très éloignés puissent s'y soustraire. Épicure n'en demande pas tant; la faible déclinaison des atomes n'est pas capable de bouleverser l'ordre des phénomènes naturels; et d'un autre côté, elle présente de tels avantages pour le sage, qu'il aurait bien tort, par égard pour un prétendu principe, de se priver de cette bienfaisante hypothèse. Par elle, en effet, non seulement il écarte la Providence de l'origine des mondes, mais encore il supprime la fatalité. Échapper à la crainte des dieux est bien; mais qu'y gagne-t-on, si on ne peut le faire qu'en tombant dans une autre servitude, sous l'empire plus tyrannique encore de la nécessité? Que nous craignions la colère et la vengeance d'un dieu, ou que nous prévoyions l'issue fatale d'une maladie ou d'un événement menaçant, notre inquiétude, notre désespoir seront aussi grands. La religion n'est pas un tyran plus despotique que la science. Encore la superstition laisse-t-elle place à l'espérance : si terrible soit-il, un dieu peut être touché par des prières et des sacrifices. Aveugle et muette, l'insensible et implacable nécessité est autrement redoutable pour notre bonheur : auprès d'elle nous n'avons aucun recours. L'hypothèse de la déclinaison a le mérite de nous guérir de cette dernière crainte, comme de la première. En effet, ce pouvoir de décliner, dont les atomes se sont servis au moment de la formation des mondes, ils ne l'ont point épuisé et ne cessent d'en user. Lors donc que toutes les conditions d'un événement redouté nous paraissent réunies, et que l'événement nous semble inévitable, nous pouvons toujours nous garder du désespoir en comptant que la déclinaison se produira en notre faveur. Si l'événement malheureux a lieu néanmoins, la doctrine de la déclinaison nous aura toujours valu quelques instants d'espoir. En tout cas, elle rend à l'humanité un grand service en coupant court à toute prétention de deviner l'avenir. Enfin les atomes qui composent notre âme possèdent comme tous les autres le pouvoir de décliner ; c'est ainsi que nous nous sentons libres de nous mouvoir ou de rester en repos, et, si nous décidons de nous mouvoir, de choisir la direction de nos mouvements ; en outre, ce qui est peut-être plus précieux encore, nous nous sentons libres d'évoquer telle image, de chasser telle autre de notre conscience ; ce libre arbitre nous permet de nous évader de nos passions, de nos habitudes, de notre tempérament. Ce précieux élément de bonheur, c'est à la doctrine de la déclinaison que nous en sommes redevables.

Nulle part dans le système d'Épicure ne se marque mieux le mépris qu'il avait de toute théorie, de toute vérité. A ses yeux, la spéculation n'a pas de valeur par elle-même ; elle n'est qu'un moyen d'assurer le bonheur aux pauvres êtres éphémères que nous sommes ; tout ce qui est de nature à troubler ce bonheur, il ne faut pas hésiter à le nier comme faux, à proclamer vraie, au contraire, toute opinion qui peut assurer notre paix.

Grâce à la déclinaison, les atomes, qui tombaient parallèlement les uns aux autres, avec une égale vitesse, comme des gouttes de pluie, vont se rencontrer, se choquer les uns les autres : Épicure se trouve désormais en possession de tous les principes dont il a besoin pour expliquer la formation des mondes, et la production des principaux phénomènes qui s'y accomplissent.

II

FORMATION DES MONDES ET EN PARTICULIER DU MONDE TERRESTRE. — THÉORIE DES MÉTÉORES.

Formation des mondes. — Les hommes s'étonnent que le monde existe ; ils sont impuissants à trouver de ce fait aucune explication naturelle ; aussi en cherchent-ils la cause dans l'action d'êtres mystérieux et merveilleux, les dieux. La vraie manière d'anéantir la crainte des dieux est de fournir à l'esprit des hommes une explication naturelle de l'existence du monde.

Qu'il existe des choses, des corps, une matière, rien n'est plus aisé à comprendre ; il n'est point nécessaire de faire appel à une prétendue création ; il suffit de se rappeler que la matière est permanente, éternelle.

Est-ce donc le mouvement de la matière, qui nous tiendra en suspens et nous fera soupçonner quelque mystère inquiétant? Mais le mouvement n'a rien qui doive nous étonner, puisqu'il s'explique bien simplement par deux causes dont nous avons l'expérience à chaque instant du jour : d'une part, la pesanteur, que nous sommes habitués à retrouver agissante sur tous les corps que nous manions, sur les membres mêmes de notre propre corps ; d'autre part, la déclinaison, avec laquelle notre conscience intime nous familiarise à chacun de nos mouvements, à chacune de nos pensées.

Mais il y a dans la notion que nous avons du monde, autre chose que celle de matière et celle de mouvement. Monde s'oppose à chaos. La matière en mouvement peut bien expliquer l'existence d'un chaos, où, selon l'expression d'Anaxagore, tout est dans tout. Mais dans ce que nous appelons le monde, il n'y a pas de désordre ; chaque corps a des propriétés, une nature déterminée ; les corps semblables sont réunis dans la même région de l'espace, en haut les astres, au-dessous l'air ; les eaux sont rassemblées dans les creux de la terre ; de vastes mouvements périodiques s'accomplissent régulièrement ; les révolutions des astres, les marées, les saisons se succèdent d'une manière rythmée, harmonieuse ; à ce spectacle, nous tressaillons d'une émotion religieuse ; ces mouvements si vastes, qui s'accomplissent toujours dans le même ordre, comme s'ils obéissaient à quelque loi inconnue, nous semblent être les signes par lesquels une intelligence semblable à la nôtre, mais toute-puissante, nous avertit de sa présence redoutable; en devinant l'existence de cette pensée mystérieuse, nous nous sentons pénétrés à la fois de joie et de terreur, et c'en est fait de notre assurance, de notre tranquillité; nous nous croyions seuls dans le monde; le voisinage de ce compagnon énigmatique appelé Dieu, nous trouble et nous inquiète.

Avec une indulgence qui ne se lasse pas, Épicure entreprend encore de nous rassurer: l'homme dans son ignorance n'est-il pas comme l'enfant dans les ténèbres qui s'épouvante et craint toutes sortes de fantômes? Ce n'est plus maintenant l'existence des corps et du mouvement qui nous émeut, c'est l'harmonie, la beauté du monde. Épicure va nous en rendre compte de la manière la plus naturelle.

Écartons tout d'abord une hypothèse ridicule: nous ne pouvons assurément pas admettre que les éléments se soient concertés, aient délibéré entre eux pour prendre enfin la résolution de se grouper et de se mouvoir dans un ordre déterminé. Il n'y a aucune conscience, aucune intelligence dans les atomes: s'ils se meuvent, c'est par suite d'une contrainte extérieure (chocs), ou par une nécessité interne (pesanteur), ou enfin spontanément, par pur hasard (déclinaison). La matière ne poursuit aucune fin, n'a aucune idée directrice, est aussi étrangère que possible à ce que nous appelons la pensée.

Aussi faut-il donner raison au poète Hésiode et admettre que le premier effet de la déclinaison 

qui a précipité les atomes les uns sur les autres, a été de constituer non un monde, mais un chaos. « En ce temps-là, on ne pouvait distinguer, ni ce disque étincelant du soleil qui roule dans l'espace, ni les astres distribués dans l'immensité du monde, ni la mer, ni le ciel, ni la terre, ni l'air, ni rien enfin de semblable à ce que nous voyons. Tout n'était qu'une confusion, un monceau d'atomes récemment amassés. La discorde régnait entre ces éléments disparates : leurs distances, leurs directions, leurs alliances, leurs poids, leurs chocs, leurs rencontres, leurs mouvements, tout était livré au désordre : c'était une mêlée. » Cette description n'est pas, comme on pourrait le croire, empruntée au philosophe contemporain Herbert Spencer, mais à un illustre disciple d'Épicure, Lucrèce. Il n'y a guère de nouveau chez le penseur moderne que les mots : le chaos prend le nom d'homogène; le monde où les parties sont distinguées, s'appelle l'hétérogène. Herbert Spencer affirme que l'homogène est instable et que l'hétérogène en sort par une nécessité inévitable : Lucrèce de même, à la suite d'Épicure, montre que le chaos ne peut durer et que quelque organisation doit fatalement en sortir : « Il était impossible que des figures si diverses demeurassent ensemble : leurs mouvements ne pouvaient s'accorder: il fallait que cette confusion eût un terme. Peu à peu les parties commencèrent à se distinguer; chaque corps se groupa avec les corps semblables, des barrières s'établirent dans le monde. » Une expérience familière fera comprendre comment l'ordre a pu résulter du chaos. Lorsque l'on commence à vanner, la balle légère est mêlée aux grains, et les grains menus se trouvent parmi les plus gros ; qu'on secoue cependant le van dans tous les sens au hasard ; au bout de peu de temps, sans qu'on ait eu besoin d'y veiller, la balle s'est envolée dans l'atmosphère, les grains de même grosseur sont venus se rassembler, les lourds auprès des lourds, les légers auprès des légers. Le même fait s'est produit dans le monde : au bout de peu de temps, les atomes de même figure, ou qui avaient des figures correspondantes, se sont joints, juxtaposés, accrochés les uns aux autres ; ceux qui ne pouvaient point s'adapter aux premiers se sont heurtés contre la première masse formée, et ont été lancés dans toutes les directions, jusqu'à ce qu'ils aient pu se joindre à des atomes semblables à eux. Les corps les plus compacts, c'est-à-dire ceux dont les atomes sont le plus étroitement unis les uns aux autres, étant les plus denses, se sont précipités vers le bas, et ont formé les terres ; les atomes les plus subtils, ceux de l'éther, principe du feu, ont été chassés vers le haut et ont formé le ciel et les astres ; l'eau est composée d'atomes ronds, qui glissent facilement les uns sur les autres ; elle s'est rassemblée dans les creux de la terre ; enfin l'air, formé d'atomes qui se choquent sans cesse et se renvoient dans toutes les directions, a occupé l'espace intermédiaire entre le ciel et la terre. Ainsi s'explique naturellement la succession de l'ordre au désordre, par une série de chocs, se poursuivant au hasard dans tous les sens.

C'est donc mécaniquement, et sans autre direction que celle de la Fortune aveugle, que se sont formés, que se forment encore aujourd'hui et ne cesseront pas de se former les mondes innombrables dans l'univers infini. Si des hommes crédules s'obstinent à s'émerveiller de la beauté singulière du monde terrestre où nous vivons, qu'ils n'oublient pas que parmi les combinaisons infinies qui se produisent dans le temps et dans l'espace, il n'est pas étonnant qu'il s'en trouve quelques-unes qui soient assez heureuses. Le hasard dispose d'un nombre infini d'atomes, d'un temps infini, d'un espace infini : comment ne réussirait-il pas par ses seules forces à donner naissance à un monde où la vie et la pensée soient possibles ? Peut-être y a-t-il des mondes encore mieux ordonnés que le nôtre. Il est même probable qu'il y en a, quelque part dans l'univers infini, quelques-uns où précisément s'est retrouvée la combinaison d'atomes qui est la nôtre, et où des êtres identiques à nous-mêmes en ce moment font les mêmes gestes et conçoivent les mêmes pensées que nous.

Toutes les variétés imaginables doivent se trouver dans les mondes ; les uns doivent être sphériques, d'autres cubiques, d'autres en forme d'ellipses, etc...

Au reste, bien que ce monde ne soit pas un chaos, il est visible que les choses n'y sont pas ordonnées pour le plus grand bien de l'espèce humaine. Le globe terrestre est peu habitable : les glaces couvrent les pôles ; une chaleur torride dessèche la zone équatoriale ; les zones tempérées sont presque entièrement envahies par les mers. Presque tout ce qui émerge de terre est marécage, désert, rocher aride ou montagne. Sur les terrains, où il peut séjourner, l'homme est contraint, pour se procurer les aliments nécessaires, de peiner sur le dur hoyau. Et quand, à force de travail, il est parvenu à faire pousser quelques plantes utiles, la grêle, l'ouragan ou la sécheresse viennent détruire sa moisson. Des bêtes dangereuses le guettent de toutes parts; des germes de maladies flottent dans les airs, dans les eaux. Il est bien expressif, en vérité, le premier cri, le vagissement douloureux, que pousse à sa naissance l'enfant des hommes, pauvre petit, jeté nu, sans défense, au milieu d'une nature indifférente quand elle n'est pas hostile !

Théorie des météores. — Par météores, Épicure entend les phénomènes réguliers ou irréguliers qui s'accomplissent au-dessus de nos têtes, dans les espaces éloignés du ciel. Il comprenait sous ce nom le lever et le coucher du soleil et des autres astres, les mouvements des planètes, la chute des étoiles filantes et des aérolithes, l'apparition des comètes; puis les phénomènes que nous appelons proprement météorologiques, les vents, les orages avec la pluie, la neige, la grêle, la foudre et le tonnerre, l'arc-en-ciel, la rosée et même les tremblements de terre. Nous possédons sur les météores une longue lettre d'Épicure à son disciple Pythoclès; nous n'insisterons pas longuement sur les explications qu'il donne de ces phénomènes, parce qu'elles ont perdu beaucoup de leur intérêt pour les modernes depuis les progrès accomplis par la physique, l'astronomie et la géologie.

Si Épicure prend soin de traiter ces questions, ce n'est ni par zèle scientifique, ni en vue des applications pratiques de la science : c'est parce que ces phénomènes ont de tout temps frappé les hommes de stupeur, et qu'ils se sont toujours obstinés à y voir des signes de la colère ou de la faveur divine. Partout sont adorées les pierres tombées du ciel ; les éclipses de la lune et surtout du soleil sont regardées comme l'annonce d'événements terribles ; au grondement de l'orage, l'homme ne se contente pas, comme l'animal, de frémir dans son corps, il fait un retour sur lui-même et demande pardon de ses fautes à Dieu, dont il s'imagine entendre la voix courroucée. Ce sont toutes ces superstitions qui contraignent Épicure à se faire astronome et physicien ; le seul moyen de les détruire lui semble être de substituer aux explications théologiques des explications positives.

Les phénomènes météorologiques nous étonnent soit parce qu'ils sont lointains et que nous en distinguons mal les détails, soit parce qu'ils nous paraissent extraordinaires. Cet étonnement cessera si nous prenons soin de nous conformer à la vraie méthode : pour expliquer raisonnablement un météore, il faut chercher parmi les phénomènes les plus voisins de nous, et qui nous sont par suite les plus familiers, ceux qui peuvent avoir quelque analogie avec les événements lointains dont nous sommes témoins. Le phénomène qui nous est le plus familier, celui qui nous étonne le moins, parce qu'il se répète sous nos yeux presque à chacun de nos mouvements, c'est l'ébranlement d'un corps par suite de l'impulsion d'un autre corps ; c'est la transmission mécanique du mouvement. Les seules hypothèses par suite dont nous devions nous servir pour l'explication des météores doivent être des hypothèses mécanistes : elles seules auront la vertu de rétablir la paix dans notre esprit. Nous voyons, par exemple, les astres se mouvoir de l'orient à l'occident ; n'allons pas nous imaginer qu'ils choisissent eux-mêmes leur route et qu'ils se meuvent spontanément : supposons, au contraire, qu'ils sont poussés par la contrainte extérieure de tourbillons d'air ou de feu invisibles. Il arrive parfois à la lune pendant quelques heures d'être rongée en totalité ou en partie par l'ombre ; il arrive de même au soleil de se voiler en plein jour ; pensons à une expérience familière, à ce qui se produit lorsque entre un feu et nous s'interpose un écran ; supposons que les éclipses de soleil sont dues à l'interposition du corps opaque de la lune entre cet astre et nous, et que les éclipses de lune s'expliquent par l'ombre que la terre projette sur elle.

Quand il s'agissait des principes de la nature, Épicure était dogmatique, et bien que ces principes, placés hors de la portée des sens, ne pussent être atteints que par des inductions, les hypothèses formulées par le philosophe étaient données par lui comme les seules qui fussent acceptables. Maintenant qu'il est question de phénomènes particuliers, Épicure n'est plus aussi affirmatif ; pour chaque problème, il propose deux ou plusieurs solutions. S'agit-il, par exemple, de rendre compte du lever et du coucher du soleil ; ce fait, dit-il, comporte deux explications également plausibles: ou bien cet agrégat d'atomes de feu, que nous appelons le soleil, se forme chaque matin du côté de l'orient pour se disperser le soir à l'occident et s'éteindre ; ou bien il ne se sépare pas le soir, continue sa révolution et ne nous devient invisible pendant la nuit que par suite de l'interposition de la masse opaque de la terre. Entre ces deux hypothèses, Épicure ne veut pas que l'on fasse un choix ; il entend qu'on les mette sur le même plan ; il ne conçoit même pas que l'on perde son temps à pratiquer ce que nous appelons la méthode expérimentale, c'est-à-dire à faire des expériences, pour reconnaître lequel entre ces deux processus également possibles est suivi en fait par la nature. Bien plus, il s'élève contre ceux qui prétendent que le même phénomène ne peut jamais admettre qu'une même cause. Son hostilité est, en effet, aussi grande à l'égard des partisans du déterminisme qu'à l'égard des théologiens. D'une part il ne veut pas entendre parler d'influence divine et ne veut admettre dans la science que des hypothèses mécanistes, mais pris de peur aussitôt à l'idée que les événements de la nature s'enchaînent avec une nécessité inflexible, il se tire d'embarras en multipliant les explications, en interdisant qu'on fasse appel à l'expérience pour décider laquelle est la vraie, en soutenant que toutes peuvent l'être en même temps. Épicure, ne l'oublions pas, n'est ni un savant, ni un rationaliste. Il ne se résoudra jamais à compromettre son bonheur intérieur par égard pour les principes et pour la vérité : le bonheur dont il a l'expérience intime est pour lui une chose solide ; les principes et la vérité ne lui semblent être que des mots. Il refuse de se conformer à l'ordre de la nature, de se soumettre à la nécessité et de chercher son bonheur dans cette soumission. Il s'enferme en lui-même, s'isole du reste des choses afin d'être heureux à sa guise ; rebelle obstiné, il se refuse à voir la nécessité universelle, et se flatte d'y échapper en la niant.

III

ORIGINE DE LA VIE. — ANTHROPOLOGIE.

Origine de la vie. — Rien dans le monde n'étonne et ne trouble plus les hommes que l'existence des êtres vivants : d'où viennent leurs espèces si nombreuses et si variées qui se nourrissent et se multiplient sur la terre, dans l'eau et dans l'air ? comment se fait-il que les animaux soient capables de sentir et de se mouvoir ? comment s'explique l'admirable prévoyance qui se montre dans l'agencement de leurs organes, dans la succession de leurs mouvements instinctifs ? Ils ne pensent pas, puisqu'ils restent muets, et cependant ils semblent être les dépositaires d'une sagesse plus qu'humaine.

Pour Épicure, la vie n'a rien de mystérieux : les principes qui servent à expliquer le monde et les phénomènes qui s'y passent, suffisent aussi à rendre compte de la formation des espèces vivantes qui le remplissent.

Ne croyons pas qu'un câble d'or les ait descendues du ciel dans les campagnes. Elles n'ont pu sortir que du monde lui-même : c'est la terre qui les a engendrées spontanément.

Les seuls éléments de l'univers sont, ne l'oublions pas, les atomes et le vide : affirmons donc que les corps vivants ne contiennent aucun élément nouveau, et qu'ils sont, comme les corps bruts, des composés d'atomes. Ne voit-on pas, en effet, les êtres vivants emprunter par la nutrition toute leur substance au milieu extérieur, et après leur mort restituer à l'univers qui les emploie pour de nouvelles œuvres leurs éléments constitutifs ? Entre les corps vivants et les corps bruts, il n'y a donc pas de différence essentielle, mais seulement une différence dans le mode de composition. Or, nous le savons, depuis l'infinité des temps, le hasard a composé les atomes entre eux selon tous les modes possibles. Il n'est donc pas étonnant que ce mode particulier de composition, propre aux êtres vivants, se soit trouvé formé. Il n'est pas étonnant non plus qu'il l'ait été selon des types très variés. Il est même certain que la multiplicité des espèces actuelles n'est rien auprès de celle des espèces passées. Ce qui demande une explication, ce n'est pas qu'il existe tant d'espèces différentes, c'est, au contraire, qu'il n'en existe pas davantage : car toutes les combinaisons possibles ont dû être tentées par le hasard. Une élimination s'est donc effectuée ; ne croyons pas que ce soit par une influence providentielle. Les êtres dont la constitution était telle qu'ils ne pouvaient trouver dans le milieu où le hasard les avait fait naître les choses nécessaires à leur subsistance, n'ont pas pu s'adapter et ont dû périr sans descendance. Ainsi s'explique mécaniquement, et sans qu'il soit besoin de faire intervenir une mystérieuse finalité, l'appropriation des organes les uns aux autres dans les individus actuellement vivants, et l'appropriation des organismes aux milieux dans lesquels ils se développent aujourd'hui.

Ainsi Épicure est, comme Haeckel, partisan de la génération spontanée ; il ne diffère du naturaliste contemporain que sur un détail ; ce n'est pas la mer qui lui paraît être le lieu d'origine de tous les êtres vivants, mais la terre. Il a même énoncé l'argument par lequel les matérialistes modernes expliquent pourquoi les faits de génération spontanée sont aujourd'hui si rares qu'on a peine à les découvrir : c'est, dit-il, que les conditions ne sont plus les mêmes qu'au temps où la vie a pris naissance ; les propriétés des choses ont changé ; la terre a vieilli, comme dit Lucrèce, et a perdu son ancienne fécondité.

On ne peut sans réserve attribuer à Épicure la doctrine de l'évolution : il n'en a point conçu l'idée essentielle, celle de la transformation lente et continue des espèces sous l'action du milieu. Il admet que les espèces ont été à l'origine de la vie formées telles qu'elles existent maintenant. Mais il devance les découvertes de la géologie et de la paléontologie en affirmant que bien des espèces différentes de celles qui vivent sous nos yeux ont été constituées aux âges antérieurs de la terre. N'y a-t-il pas enfin une singulière analogie entre l'explication qu'il donne de la disparition des êtres vivants mal adaptés et la théorie de Darwin sur la sélection naturelle ?

L'espèce humaine. — Épicure ne dit pas que l'homme descende des animaux, puisque pour lui les espèces ne sont pas plastiques ; mais il dit qu'il a été formé comme les animaux, qu'il est comme eux un fils de la terre.

Que le monde et les météores, que les êtres vivants, animaux et végétaux, nous remplissent d'admiration et soient pour notre ignorance une occasion de croire à l'action divine, il n'y a pas lieu d'en être surpris, il s'agit de choses placées en dehors de nous et dans le secret desquelles nous ne sommes pas. Mais que l'homme soit pour lui-même un objet mystérieux, que les sociétés qu'il forme, les lois qu'il s'impose, les arts qu'il découvre, soient autant d'effets merveilleux qui lui semblent indiquer une cause surnaturelle, il y a de quoi être déconcerté par une crédulité aussi obstinée. Il en est pourtant ainsi. Lorsque les hommes réfléchissent pour la première fois sur le langage qu'ils parlent, sur les institutions qu'ils respectent, la famille, la patrie, sur les préceptes auxquels ils obéissent, ils sont émerveillés ; aucun individu, quel que soit son génie, ne leur semble pouvoir être le promoteur de ces vastes phénomènes sociaux ; mais, d'autre part, ils ne savent à quelle cause les attribuer ; alors, selon leur habitude constante quand ils ignorent, ils en cherchent l'explication dans l'hypothèse d'une révélation divine. C'est un dieu qui a enseigné aux hommes la loi civile, comme la loi morale : tu ne tueras pas, tu ne voleras pas. C'est un dieu qui leur a fait connaître les noms des choses. C'est du ciel que leur vient le feu dont ils se servent. S'ils savent cultiver le blé, l'olivier, la vigne, c'est à Cérès, à Minerve, à Bacchus qu'ils le doivent. Le dieu de la mer leur a montré la manière de domestiquer les chevaux. Sans l'aide de la divinité, l'homme ne saurait rien, ne ferait rien, il vivrait à l'état sauvage. C'est à ses maîtres divins qu'il est redevable de la civilisation dont il jouit. Aussitôt après l'avoir créé, ils l'ont doté de toutes les connaissances utiles : aussi, lorsque le souvenir des enseignements divins était encore récent et vivant dans son esprit, a-t-il goûté un bonheur dont l'éloignent sans cesse son oubli des dieux et son ingratitude : l'histoire de l'humanité se divise ainsi en deux périodes : au début, le paradis, l'âge d'or ; depuis, les âges d'impiété et de malheur.

Pour détruire ces légendes, il faut bien qu'Épicure esquisse l'histoire véritable de l'espèce humaine, et fixe les principes d'une sociologie positive.

La civilisation n'a pas surgi tout à coup par une création divine : elle a été lentement conquise par les générations successives, qui ont su profiter peu à peu des leçons de l'expérience.

Il n'y a pas eu d'âge d'or ; les premiers hommes étaient de véritables animaux ; ils ne savaient rien et vivaient dénués de tout. « Leurs corps étaient beaucoup plus durs que ceux des hommes d'aujourd'hui ; c'étaient les dignes enfants de la terre. La charpente de leurs os était beaucoup plus grande et plus solide, des muscles puissants reliaient tous leurs organes; ni la chaleur, ni le froid, ni le changement de nourriture, ni les maux auxquels nous sommes sujets n'avaient prise sur ces corps robustes. Le soleil accomplit maintes fois sa révolution dans le ciel avant qu'ils connussent d'autre vie que les mœurs vagabondes des bêtes sauvages. On ne voyait point encore le robuste laboureur manier la charrue recourbée; nul ne savait retourner la terre avec le tranchant du fer, ni enfoncer dans le sol des plantes encore tendres, ni retrancher avec la faucille les vieux rameaux des grands arbres. Les présents que leur faisaient le soleil et les pluies, les productions spontanées de la terre suffisaient à les contenter; ils cherchaient le plus souvent leur nourriture au pied des chênes chargés de glands... Ils ne savaient pas encore traiter les objets utiles par le feu, ni se servir de fourrures ni se vêtir de la dépouille des bêtes. Ils habitaient les bois et les antres des montagnes; ils reposaient entre les broussailles leurs membres souillés, pour échapper aux assauts des vents et de la pluie. Incapables d'envisager le bien général, ils ne savaient s'imposer ni des coutumes, ni des lois communes. Chacun ravissait la proie que la fortune lui offrait, et, sans autre maître que son instinct, usait de ses forces et ne vivait que pour soi... Comptant sur l'étonnante vigueur de leurs bras et de leurs jambes, ils poursuivaient les animaux avec des armes de pierre et de pesantes massues... Hérissés et sauvages d'aspect comme les sangliers des forêts, ils étendaient à terre leurs membres nus, quand la nuit les surprenait, et s'enveloppaient de feuilles amassées... Ce que redoutaient ces infortunés, c'étaient les attaques fréquentes des bêtes sauvages pendant leur sommeil. Chassés de leur demeure, ils fuyaient l'antre qui les abritait, à l'approche d'un sanglier hérissé ou d'un lion formidable ; et au cœur même de la nuit, ils cédaient avec épouvante à ces hôtes terribles leurs lits de feuillage. Il arrivait plus souvent à quelqu'un d'entre eux d'être surpris par les bêtes féroces, de leur fournir une pâture vivante, et d'être englouti par leurs mâchoires ; ses cris remplissaient les forêts et les montagnes, quand il voyait ses membres vivants ensevelis dans un sépulcre vivant. Quelques-uns réussissaient à fuir, tout déchirés de morsures ; mais après, tenant leurs mains appliquées sur d'affreuses plaies, ils appelaient la mort avec des cris horribles ; et enfin ils expiraient dans de cruelles tortures, sans secours, sans savoir les remèdes qu'exigeaient leurs blessures. » (Lucrèce, l. V, v. 922-995.)

Si l'homme primitif fut à ce point ignorant et sauvage, il n'est pas aisé d'expliquer comment il a pu sortir de sa barbarie naturelle. Épicure le tente cependant, et sa tentative est d'autant plus intéressante qu'il refuse de faire appel à l'action intérieure de principes innés dans l'homme, aussi bien qu'à une révélation extérieure, divine. Il n'admet pas comme Aristote que, par nature, l'homme soit un animal fait pour vivre en société ; il n'admet pas, comme les rationalistes, que malgré son ignorance il possède du moins par une sorte de révélation naturelle, la notion de vérité et la notion de justice. Il n'y a rien, selon lui, qui distingue l'homme primitif de l'animal.

Le temps, l'expérience et l'imitation sont, d'après Épicure, les seuls facteurs du progrès humain.

Si l'on s'imagine que les langues, le droit, la morale, les différents éléments de la civilisation ont surgi tout d'un coup, on ne peut s'empêcher de croire à un véritable miracle. Mais si l'on prend sion de se représenter une longue suite de siècles pendant lesquels les générations successives, d'abord ignorantes et inexpérimentées, ont lutté avec la nature, se sont ingéniées, ont tenté des essais, infructueux pour la plupart, mais dont quelques-uns se sont trouvés réussir, et ont transmis à la postérité le résumé de leur savoir, la civilisation, grâce à la conception du progrès, apparaît comme un phénomène naturel et n'a plus rien de surprenant.

Le langage, par exemple, n'est l'œuvre ni d'un dieu, ni d'un homme unique; c'est le résultat de la collaboration de tous. L'organe crée la fonction : possédant naturellement l'organe de la voix, les hommes ont émis des sons, d'abord pour exprimer leurs émotions à la manière des animaux, puis pourdésigner les divers objets. Peu à peu, les sons devinrent de plus en plus articulés, et servirent à exprimer des idées de mieux en mieux définies.

Ce n'est pas en un jour que les nations se constituèrent. Les hommes sortirent lentement de leur isolement primitif. Tant qu'ils vécurent dans des cavernes, ils ne connurent pas d'autre groupement que la famille. Mais vint un temps où ils surent construire des cabanes Alors plusieurs familles devinrent voisines. Toutes sortes de malheurs vinrent s'abattre sur ceux qui, vivant les uns auprès des autres, ne surent pas conclure d'amitiés entre eux. Sous la pression de ces malheurs, se constituèrent des tribus. Les familles vivaient, dès lors, groupées autour d'un chef, qui les empêchait de se nuire les unes aux autres et les protégeait contre les autres clans. Mais, dans cet état d'anarchie, les troubles étaient continuels. Constatant que les vengeances les épuisaient, las de se soutenir par la force, les hommes allèrent d'eux-mêmes au-devant du joug des lois et d'une contrainte salutaire ; ils constituèrent des nations, en convenant de ne point se tuer, de ne point se dépouiller les uns les autres, et de se prêter main-forte contre l'ennemi commun. C'est ainsi que la justice naquit d'un contrat consenti dans l'intérêt de tous.

Comment les hommes ont-ils commencé à croire à l'existence des dieux, à leur construire des autels et des temples et à leur rendre un culte ?

La religion a, selon Épicure, une double cause : d'une part, les images des rêves ou du délire ; d'autre part, l'ignorance où l'on fut tout d'abord des vrais principes de la nature.

Après la mort d'un parent ou d'un ami, il arrive que, durant le sommeil ou parfois même durant la veille, on revoit avec une netteté saisissante la figure de celui que l'on a perdu. Ignorant les véritables causes de ces images, les hommes ont cru que les âmes des morts continuaient à vivre, à se mêler à eux, à agir pour leur bonheur ou leur malheur. Toutes les religions ont pour origine le culte des morts : dans les premières traditions de chacune d'elles, on trouve des apparitions, de prétendues résurrections de parents ou d'amis.

Comme d'autre part les hommes ignoraient tout d'abord que tous les phénomènes naturels résultent du jeu fortuit des atomes indestructibles, il n'est pas étonnant qu'ils aient attribué la rotation régulière des astres, le rythme des marées, la production des vents, tous les événements désirés ou redoutés par eux, à l'intervention de ces êtres mystérieux qui leur apparaissaient en songe. Ces ancêtres, ces amis, dont la mort n'était qu'apparente, leur semblèrent donc détenir leur bonheur et leur malheur. C'est ainsi que le seul moyen de s'assurer une vie longue et prospère leur parut être de se concilier la bienveillance de ces divinités, précisément par les procédés dont les hommes usent ordinairement entre eux, humbles supplications, promesses, cadeaux. Telle fut l'origine, toute naturelle, de la religion, qui, née d'un trouble physiologique et de l'ignorance, devait être si longtemps pour l'humanité une cause d'inquiétudes, de discordes et de crimes.

Ce n'est pas Prométhée qui apporta le feu du ciel aux hommes ; c'est la foudre qui l'alluma, dans les forêts ; c'est peut-être encore le frottement des branches sous l'action du vent qui enseigna aux hommes le moyen de le reproduire. Le soleil, qui finit par cuire la chair exposée à ses rayons, leur apprit à utiliser le feu pour la préparation de leurs aliments. Il faut supposer de même que quelque incendie de forêt fit couler aux yeux des hommes les métaux en fusion, et qu'ils apprirent ainsi à extraire les minerais de la terre et à en tirer par le feu le métal utile. C'est d'abord en imitant la nature dans les procédés par lesquels elle reproduit les plantes que débuta l'agriculture. De même, l'art de la musique ne fut tout d'abord qu'une imitation du chant des oiseaux. « Tout fut donc enseigné par l'usage, et l'expérience conduisit pas à pas, de progrès en progrès, l'esprit infatigable de l'homme ; c'est ainsi que le temps amène insensiblement toutes les découvertes. »

Du reste, ce progrès ne doit pas être admiré sans réserve. Si, grâce à lui, les besoins de l'homme sont satisfaits plus aisément aujourd'hui qu'aux temps primitifs, il a l'inconvénient de multiplier ces besoins et de les rendre de plus en plus impérieux : loin d'augmenter le bonheur de l'espèce humaine, il le compromet en excitant l'amour du luxe, de la vie délicate et des richesses. L'œuvre de la civilisation est encore en un autre sens une œuvre vaine : car elle est condamnée à périr. Le monde qui nous porte n'est pas éternel. Il est composé, et tout composé un jour ou l'autre sera dissous. Le tout des touts est éternel, parce qu'il ne laisse en dehors de lui rien en quoi il puisse se résoudre ; l'atome est éternel, parce qu'il est indivisible ; le vide encore est éternel, parce qu'il n'oppose aucune résistance aux corps qui le traversent. Mais aucun agrégat particulier d'atomes ne peut durer éternellement ; car tout composé peut être divisé par les masses en mouvement dans l'espace infini. Le monde terrestre périra comme les autres mondes. Le progrès ne saurait donc être indéfini. L'âge d'or n'est pas plus à espérer qu'à regretter; il ne se trouve ni derrière, ni devant nous. La nature n'est pas perfectible; dans ses révolutions aveugles, elle brisera l'homme et de son œuvre séculaire ne fera que poussière.

IV

L'AME : SA NATURE, SA DESTINÉE.

La nature de l'âme. — L'espèce humaine, avec le monde qui la porte, est vouée à la destruction : l'individu non plus ne peut se flatter d'être impérissable; il est tout entier, corps et âme, destiné à la mort.

L'âme ne se voit pas et ne se touche pas; comment sommes-nous conduits à en affirmer l'existence? Un homme vient de mourir : il n'a rien perdu de sa grandeur, ni de son poids, mais il a cessé de respirer, il est devenu froid, et son immobilité prouve qu'il a perdu toute sensibilité. C'est ce que l'on exprime en disant que le corps est resté là, mais que l'âme s'en est allée.

Ce n'est pas seulement l'observation des cadavres qui établit l'existence de l'âme, principe de la respiration, de la chaleur, du mouvement et de la sensibilité, c'est aussi notre propre conscience, à nous vivants. Les mouvements que notre corps exécute à un moment donné ne sont pas les seuls auxquels nous pensions : tandis que nous agissons, mille projets divers se forment en nous. Les sensations que notre corps éprouve ne sont pas les seules qui nous affectent; en un instant nous parcourons par l'imagination la double infinité de l'espace et du temps. Enfin les plaisirs et les douleurs physiques coexistent souvent en nous avec des sentiments de joie, de tristesse, d'espérance, de crainte, qui peuvent se trouver en désaccord avec les affections présentes. Volitions, images, souvenirs, sentiments nous assurent de l'existence de l'âme.

L'âme n'est pas un principe spirituel, simple et indivisible. En effet, la seule conception que nous puissions former de l'incorporel est celle du vide. Or le vide ne peut ni exercer, ni subir une action : il s'ouvre sans résistance au mouvement des corps. L'âme, au contraire, agit et pâtit : elle agit sur le corps dans lequel elle est renfermée, toutes les fois, par exemple, qu'un mouvement volontaire s'accomplit ; le corps à son tour agit sur elle, puisqu'il lui fait éprouver sous forme de sensations les impressions qu'il reçoit des objets extérieurs, et sous forme de plaisirs et de douleurs les avantages ou les dommages qui lui surviennent. Ces actions et réactions de l'âme et du corps ne sont possibles que par des contacts ; or, sans matière, il n'y a pas de contact possible : l'âme est donc matérielle.

Comme elle est la cause de la respiration, de la chaleur, de la sensibilité, disons qu'elle est constituée par quatre corps : du vent, de l'air, de la chaleur et enfin un corps plus subtil encore que les trois autres, qui n'a jamais pu être isolé et n'a pas de nom spécial, le corps inconnu qui a la propriété de sentir. Ces quatre principes de l'âme sont intimement mêlés les uns aux autres. Leurs proportions varient suivant l'idiosyncrasie de chacun : d'où les différences entre les caractères ; il y a des âmes froides, d'autres qui sont chaudes et impétueuses ; celles enfin où l'air tranquille prédomine sont calmes.

Comme l'âme doit être fort mobile, il faut admettre que les atomes subtils qui la constituent sont lisses et ronds, et glissent par suite aisément les uns sur les autres.

Elle est répandue dans tout le corps, puisque le corps entier est sensible ; mais elle est concentrée dans les organes vitaux, la poitrine et le cœur. Tandis, en effet, que la vie résiste à la mutilation des autres parties du corps, elle s'évanouit dès que le cœur est atteint. Du reste, c'est au cœur que nous sentons les joies et les tristesses, et parfois ces sentiments subsistent longtemps en dépit des affections contraires qui viennent de la périphérie. Il importe donc de distinguer l'âme et l'esprit ; la première est disséminée dans tous les organes du corps ; le second est concentré dans la poitrine.

Il est possible dès lors de se représenter l'action du corps sur l'âme, c'est-à-dire la sensation, et l'action de l'âme sur le corps, c'est-à-dire le mouvement volontaire.

Abandonné par l'âme, le corps ne sent pas ; l'expérience le démontre ; mais à supposer qu'elle pût subsister quelque temps en dehors du corps, l'âme non plus ne pourrait sentir sans lui : en effet, elle est trop subtile pour que les objets extérieurs puissent faire impression sur elle, et il n'y a pas de sensation qui ne résulte de la communication d'un mouvement. Le corps, avec ses organes des sens, ses nerfs, ses veines, ses muscles et ses os, est un intermédiaire nécessaire entre les objets extérieurs et l'âme; l'âme, à son tour, qui recueille à la périphérie les impressions éprouvées par le corps, pour les transmettre avec une grande vitesse au centre de la vie, est un intermédiaire indispensable entre le corps et l'esprit. La sensation est donc l'acte commun du corps et de l'âme prise dans son ensemble : une fois effectuée la séparation de l'un et de l'autre, elle ne peut plus se produire, et il est absurde de croire que les âmes, à supposer qu'elles survivent au corps, aient encore des sensations, soient capables d'être affectées par des plaisirs ou des douleurs.

Grâce à la mobilité de ses atomes, l'âme peut soulever la masse du corps, bien que celle-ci soit incomparablement plus lourde que la sienne : les membres se meuvent dès que se forment dans l'âme des images de mouvement.

Destinée de l'âme : elle naît et meurt avec le corps. — L'âme étant un composé d'atomes, doit, comme tous les composés, se dissoudre un jour. Nous constatons que le corps commence à se décomposer dès que l'âme l'a quitté : comment ne pas croire que ce moment ne marque pas aussi pour l'âme l'heure de sa dissolution? Si elle s'échappe du corps, c'est que celui-ci ne peut plus la contenir; à plus forte raison l'air ne le pourra-t-il pas et dissipera-t-il ses éléments subtils dans toutes les directions, comme il fait des vapeurs légères. Le corps, tout résistant qu'il soit, n'échappe pas à la désorganisation; comment l'âme mobile et fragile pourrait-elle subsister un seul instant après être sortie de son enveloppe protectrice?

L'expérience, du reste, montre que l'âme suit les vicissitudes du corps : l'enfant aux membres chétifs n'a que des pensées chétives ; en même temps que ses forces croissent, sa sagesse grandit. Quand la vieillesse rend le corps débile, elle affaiblit aussi l'intelligence. Les maladies et les souffrances du corps ont leur répercussion sur l'âme : il y a des maladies de l'esprit, le délire, la folie, la léthargie, l'épilepsie; des boissons, comme le vin, qui agissent sur le corps, troublent par là même l'esprit. Puisque l'âme paraît toujours être dans la dépendance du corps, il faut admettre que lorsque le corps se dissout, l'âme se dissipe en même temps.

Si l'âme était une substance, elle serait permanente, ne pourrait pas plus être créée que détruite; elle devrait donc avoir préexisté au corps pour y être introduite au moment de la naissance. Pourquoi, s'il en est ainsi, n'avons-nous aucun souvenir d'une existence antérieure? pourquoi l'enfant naît-il dans l'ignorance? Dira-t-on que cet oubli est dû, non à la formation d'une âme nouvelle, mais à l'altération des facultés de l'âme éternelle? Une altération qui va jusqu'à la destruction de toute mémoire du passé ne diffère guère de la mort. Il faut donc admettre que les âmes se forment en même temps que le corps; mais tout ce qui commence à être est destiné à périr : l'âme donc est mortelle.

Autrement dit encore, l'âme ne consiste que dans l'ensemble des souvenirs; si la mort rompt le fil des souvenirs, ce qui est incontestable, elle détruit l'âme.

Cessons donc de vouloir pour nous une durée éternelle que la nature des choses nous interdit d'espérer; cessons de croire qu'une partie de ce qui constitue notre être continue après la mort à vivre, à sentir, et se trouve par suite exposée à des souffrances. Cessons de craindre la mort : soyons assurés de trouver en elle un repos définitif.

V

LES DIEUX.

Nous avons parcouru la nature entière et nulle part nous n'avons trouvé trace de l'action des dieux. Les atomes et leurs mouvements nous ont suffi pour rendre compte de la formation des mondes, comme de la naissance de la vie et du progrès humain. On s'attendrait donc à voir le matérialiste Épicure professer l'athéisme.

Épicure affirme, au contraire, l'existence des dieux; il s'applique à la démontrer; il est même l'inventeur d'un argument, reproduit depuis lors par un grand nombre de philosophes spiritualistes, l'argument classique du consentement universel.

L'âme humaine ne peut tirer d'elle-même aucune connaissance; c'est une nécessité qu'elle ait reçu du dehors toutes les notions qu'elle possède. Or tous les hommes, dans tous les temps, dans tous les pays, ont l'idée de Dieu. Assurément aucun d'eux n'a jamais vu ni touché aucune divinité : aussi ne peut-on pas dire que les dieux soient saisis par les sens à la façon des corps qui composent le monde où nous vivons. Ils sont saisis par l'esprit. L'esprit a la même inertie que les sens, et cette notion des dieux ne peut s'y trouver que parce qu'elle y a été imprimée par des simulacres. Les simulacres subtils, qui affectent l'esprit sans être arrêtés par les sens, peuvent être formés par hasard et ne pas émaner d'objets actuellement existants. Mais les simulacres qui nous représentent les dieux sont en nombre infini, tous semblables les uns aux autres ; ils affluent d'une manière continue dans l'esprit de tous les hommes. Cette constance, cette unanimité nous contraignent à croire qu'ils émanent de corps réels, placés en dehors du monde, et que les dieux existent.

A cette preuve, Épicure en ajoute une autre. Puisqu'il y a une infinité d'atomes, qui se composent entre eux depuis un temps infini, il est nécessaire que toutes les combinaisons possibles se trouvent effectuées. Or, il existe une grande quantité d'êtres mortels : il faut donc qu'il existe aussi des êtres immortels, des dieux. Autrement dit encore, dans les infinies combinaisons des atomes, tous les divers degrés de l'être doivent être réalisés. Il est donc nécessaire qu'il existe une nature excellente, qui l'emporte en bonté et en beauté sur toutes les autres.

Il y a donc des dieux : que sont-ils? que font-ils? où sont-ils?

Rien n'existant que les atomes et le vide, les dieux, comme tous les corps composés, comme nous-mêmes, sont faits de matière. Ils ne sont rien de spirituel; du reste, s'ils n'étaient pas des corps, ils ne pourraient émettre des simulacres, et leur existence même ne nous serait point connue. Ou les dieux ne sont rien, ou ils sont des corps.

Que font les dieux? Sur ce point, les opinions les plus divergentes sont soutenues. Tantôt on leur attribue la création et l'organisation du monde et on leur prête le rôle de gardiens de l'ordre universel; tantôt, au contraire, on les fait intervenir dans les événements et produire des miracles. La plupart des hommes croient que les dieux agissent dans le monde.

Il faudrait sans doute adhérer à une croyance aussi commune, si, d'autre part, n'existaient plus fortes encore et plus répandues d'autres croyances contradictoires avec les premières. Notre opinion la plus ferme au sujet des dieux est qu'ils sont bienheureux et immortels. Affirmons donc qu'ils sont tels, mais gardons-nous ensuite de rien leur attribuer qui puisse troubler leur bonheur ou compromettre leur immortalité.

Peut-on, par exemple, soutenir sans se contredire que les dieux sont bienheureux et qu'ils ont créé ou organisé le monde? Pourquoi dans leur béatitude se seraient-ils un jour imposé la tâche de faire sortir le monde du néant ou du chaos? On ne travaille, on ne fait effort que pour satisfaire un besoin, échapper à une douleur. Le monde manquait donc aux dieux? Admettre cette hypothèse, c'est admettre qu'ils n'étaient pas heureux.

Dira-t-on que c'est pour recevoir le culte des hommes qu'ils ont créé les astres, la terre et les êtres vivants? Mais que peuvent faire à des divinités bienheureuses la fumée des sacrifices et le vain murmure des prières? Dira-t-on que c'est par amour de l'humanité qu'ils ont agi? Mais l'homme, alors qu'il n'était point, avait-il besoin de l'existence? On comprend qu'un être en possession de la vie souffre en la perdant, mais ce qui n'est point ne peut aspirer à être, ni regretter de n'être rien. Se rangera-t-on enfin à l'opinion de Platon et soutiendra-t-on que c'est par bonté, par pure générosité, par besoin de se donner, de se dépenser que les dieux se sont décidés à organiser le monde? Mais comment un être bienheureux pourrait-il être généreux? Il n'y a que ceux qui sont menacés par le malheur qui puissent éprouver le besoin de se concilier par des bienfaits d'utiles amitiés. Un don sans espoir de retour est impossible, et celui qui a besoin des services d'autrui n'est pas pleinement heureux. Il est donc contradictoire de soutenir à la fois que les dieux sont éternellement bienheureux et qu'ils ont créé ou organisé le monde.

Peut-on croire maintenant qu'ils interviennent dans le cours des événements terrestres pour assurer le succès de l'un, accabler l'autre de revers? Les dieux ne sont ni créateurs, ni organisateurs, peuvent-ils être des providences? Ils ne sont pas les soutiens de l'ordre universel; nous allons voir qu'ils ne sont pas davantage des auteurs de miracles. Le rôle de créateurs était incompatible avec leur béatitude; celui de providence serait funeste à leur immortalité. Si les dieux pénètrent dans le monde pour défendre leurs favoris et confondre leurs ennemis, ils vont être en butte aussitôt à toutes les forces hostiles des atomes; comme les animaux, comme les hommes, ils ne pourront manquer d'être mutilés, minés par ces assauts incessants, et ils cesseront d'être invulnérables. Comprenons donc que la place des dieux immortels n'est pas dans un monde livré à la destruction.

Mais ce raisonnement qui s'applique au monde terrestre est valable pour tous les mondes de l'univers. Où les dieux pourront-ils se réfugier pour jouir en paix et sans fin de leur béatitude? D'une manière assez inattendue, Épicure répond qu'il y a des espaces sereins qui ne sont traversés par aucun mouvement d'atomes, ce sont ceux qui séparent les mondes.

Dans les intermondes, les dieux vivent donc sans besoins, sans soucis, en nombre infini. Comme il n'y a pas de bonheur sans sagesse, de sagesse sans raison, de raison ailleurs que dans des corps de forme humaine, les dieux ont la forme humaine et parlent entre eux : car il n'y a pas de pensée sans langage. Comme la plus belle des langues est la langue grecque, on peut supposer que les dieux s'entretiennent en grec.

Les dieux ne connaissent pas la colère, parce que la colère suppose la crainte et que la crainte est incompatible avec le bonheur. Les dieux ne connaissent point davantage l'amour, parce qu'il n'y a que les faibles qui aient besoin d'amis.

Sollicite leurs faveurs par des sacrifices et par des prières, craindre leur animosité, n'est donc pas le fait de la véritable piété. Il n'y a rien de plus impie que la religion : car elle méconnaît la vraie nature des êtres bienheureux et immortels. Les prêtres et les dévots prêtent aux dieux leurs propres infirmités ; leurs tentatives pour se concilier la faveur divine sont autant de blasphèmes. La véritable piété, sur laquelle Épicure a rédigé un traité, ne consiste pas à vivre dans le tremblement, mais à regarder l'univers d'un œil assuré. La vraie manière d'honorer les dieux comme ils le méritent, est de les imiter et de tâcher de vivre en ce monde troublé avec la même impassibilité dont ils jouissent dans les intermondes.

En proclamant l'existence des dieux, Épicure était-il sincère, ou ne prenait-il pas simplement une précaution contre le fanatisme religieux? D'après les principes posés par le philosophe lui-même, il est difficile d'admettre qu'il puisse y avoir dans l'univers des espaces à l'abri du mouvement des atomes, et que des corps composés comme ceux des dieux subsistent éternellement : Épicure ne se plaît-il pas à montrer que le monde, que l'âme sont, en raison de leur nature composée, voués à la destruction? Pour faire face à cette objection, il ajoute, il est vrai, que les dieux n'ont pas un corps, mais comme un corps, qu'ils n'ont pas, à proprement parler, du sang, des muscles et des os, mais comme du sang, des muscles et des os. Ces distinctions ne sont pas aisées à entendre et font soupçonner que celui qui les a proposées se souciait surtout, en soutenant l'existence des dieux, d'échapper au sort d'Anaxagore, à celui de Socrate, aux cruels traitements que ses contemporains paraissaient disposés à faire subir aux athées. Ce qui fortifie cette hypothèse, c'est qu'Épicure professait une grande admiration pour Anaxagore, et que, d'autre part, la prudence était à ses yeux la première qualité du sage.

Qu'il ait cru ou non à leur existence, les dieux, tels qu'il nous les décrit, jettent une vive lumière sur l'homme qu'il était et sur sa philosophie. Il faut retenir d'abord cet argument par lequel Épicure démontre qu'ils n'ont pas pu créer le monde : « Où, dit-il, auraient-ils trouvé le modèle de la création? Comment auraient-ils pu savoir et concevoir ce qu'ils auraient voulu faire? Comment auraient-ils jamais pu connaître la vertu des éléments et ce que les atomes peuvent produire par des arrangements variés, si la nature elle-même ne leur avait montré par des exemples comment naissent les choses? » (Lucrèce, l. V, v. 180-185.) Rien ne montre mieux que cet argument quelle idée Épicure se fait de l'intelligence; il nie qu'elle soit une faculté d'invention, de création; il la regarde comme entièrement passive, comme incapable à jamais, même chez les dieux, de concevoir autre chose que ce que les sensations lui ont révélé. A la manière dont se comportent ses dieux, on voit aussi avec netteté ce qu'Épicure entendait par la vie bienheureuse; le bonheur, pour lui, consiste à se sentir vivre, à n'avoir ni besoins ni soucis, à ne s'occuper d'aucune affaire; le bonheur n'est pas dans l'action, mais dans le repos. Aussi, pour garder leur béatitude, ses dieux s'abstiennent-ils de créer le monde. Si Platon, au contraire, fait, dans le mythe du Timée, organiser le monde par le Démiurge, c'est que, pour lui, il n'y a de bonheur que dans l'acte généreux, dans le don sans espoir de retour, dans l'amour. Pour Épicure, l'amour n'est rien de divin; il n'est qu'une illusion humaine déterminée par un besoin physique. La nature, en elle-même, n'est à aucun degré une harmonie, un concert, une union; elle est composée d'individus séparés, qui existent chacun pour soi; la partie n'y existe point pour le tout; l'univers n'est que la résultante des parties qui existent chacune en elle-même et pour elle-même. Il n'y a pas de liaisons, autrement dit pas d'idées dans la nature; tout n'y est que matière. Pour Platon, le fond des choses est amour, unité, tendance vers le bien; pour Épicure, le fond des choses est hasard, anarchie, individualisme, égoïsme. La philosophie de Platon est une philosophie de confiance et de générosité; celle d'Épicure, une doctrine d'incrédulité et de découragement.

CANONIQUE

La canonique est la justification de la méthode que nous n'avons cessé de suivre dans la physique. Tous les objets dont nous avons successivement défini la nature, les atomes impérissables, l'univers infini, l'âme, les dieux, sont hors de la portée des sens; les principes des choses sont, comme le disait Démocrite, au fond d'un abîme; ils ne font pas partie, explique Épicure, de ce qui nous est donné, mais de ce qui nous est caché. Au sujet de cet inconnu, qui nous enveloppe de son obscurité, nous ne pouvons nous empêcher de faire des conjectures. Mais le tort commun de ceux qui ne pratiquent pas la méthode d'Épicure est de regarder ces conjectures, quelles qu'elles soient, comme plus certaines que ce qui, étant donné aux sens, est connu avec évidence. Au lieu de conformer à ce qui est connu leurs hypothèses sur l'inconnu, ils entreprennent de contraindre la réalité donnée à se modeler sur l'inconnu tel qu'ils se hâtent de le concevoir. Ils procèdent *à priori*, et s'obstinent à déduire, alors que la méthode véritable est au contraire d'induire et de procéder *à posteriori*. C'est du connu qu'il faut aller à l'inconnu; c'est en partant de ce que les sens font saisir avec évidence qu'il faut conjecturer ce qui, par nature, leur reste caché. La méthode expérimentale doit être la méthode de ce qu'Épicure appelle physique, de ce qui, aujourd'hui, recevrait le nom de métaphysique.

Pour que cette méthode, sur laquelle repose la théorie de la nature, soit justifiée, il faut : 1° que la raison ne possède aucune idée innée, et que tout son contenu se ramène à des sensations; 2° que la sensation soit vraie, qu'il y ait une évidence sensible.

Tout ce que nous pouvons penser se divise, en effet, en deux classes : il y a, d'une part, les idées (δόξαι), de l'autre les sensations (αἰσθήσεις). Il faut mettre dans la classe des idées toutes les représentations dont l'objet n'est pas actuellement ni immédiatement présent aux sens : l'atome, le vide sont des idées, de même l'univers infini, les mondes multiples, les dieux; un objet, une personne dont nous nous souvenons sont des idées; de même, un objet, une personne que nous nous attendons à rencontrer. Au contraire, le rouge, le froid, le solide sont des sensations, pourvu, du moins, que ces mots ne soient pas pris en un sens général, et qu'ils désignent ce qui nous affecte au moment même.

Parmi les idées, il y en a qui peuvent devenir des sensations, par exemple le solide, que je m'attends à toucher après avoir vu du rouge; celles-là attendent que nous les sentions (τὸ προσμένον). Les autres, au contraire, ne pourront jamais devenir des sensations, par exemple l'atome et le vide; elles constituent ce qu'Épicure appelle l'obscur (τὸ ἄδηλον).

Toute pensée est donc idée ou sensation.

Laquelle des deux est primitive et donne naissance à l'autre? Dans la sensation, Platon voyait une fusion d'idées. Épicure n'hésite pas à soutenir la thèse inverse, qui sera plus tard celle de Condillac et de Hume, la thèse du sensualisme : toutes les idées se réduisent à des sensations; la sensation est l'élément simple dont sont composées les idées.

Origine empirique des idées. — Pour désigner les idées, Épicure est le premier qui ait employé le mot grec πρόληψις, traduit exactement par le mot français *anticipation*. Diogène de Laërte (X, 33) explique ce terme en disant qu'il est synonyme de compréhension (κατάληψις), d'opinion droite (δόξα ὀρθή), de concept (ἔννοια), d'idée générale possédée par nous (καθολικὴ νόησις ἐναποκειμένη), et que son sens exact est celui-ci : souvenir de ce qui est souvent apparu au dehors (μνήμη τοῦ πολλάκις ἔξωθεν φανέντος).

Dans une forme blanche, par exemple, qui s'avance au loin, je reconnais un homme. Dès que je me prononce à moi-même ce mot, je me représente, je me donne à l'avance un ensemble de sensations possibles, qui constituent pour moi le type de l'homme. Je m'attends à me trouver en présence d'un être vivant, droit sur ses jambes, capable de mouvements et de paroles variés, etc. Chacune de ces propriétés résume des séries de sensations visuelles, tactiles, auditives, etc.; la conception de l'homme en général n'est donc que la prise de possession anticipée de ces sensations.

Se réduisant à un ensemble de sensations, l'idée ne peut pas être innée, ni avoir une autre origine qu'une origine empirique. Comment se fait-il, en effet, que nous soyons capables de pressentir à l'avance ce que tout à l'heure nous allons éprouver, ou même ce que nous n'éprouverons effectivement pas, mais pourrions éprouver si nous le voulions? Si nous n'avions jamais vu aucun homme, nous en serions incapables; nous n'irions pas au delà de la sensation actuelle. Mais nous avons de l'expérience; nous avons vu un grand nombre d'hommes; les sensations par lesquelles ces individus se distinguent les uns des autres étant nouvelles chaque fois, n'ont point laissé de traces en nous; seules se sont conservées les sensations qui, à chacune de nos expériences successives, ont été répétées; comme pas une seule fois celles-ci n'ont manqué d'être éprouvées ensemble ou successivement, l'habitude de les retrouver groupées s'est fortifiée en nous, de telle sorte que l'une d'elles étant ressentie, les autres aussitôt sont attendues; leur ensemble forme donc dans notre esprit un système lié qui nous paraît, ne se laissant pas rompre à notre gré, être la représentation d'un être; cette apparence est si forte qu'elle fait croire à des philosophes comme Platon qu'au-dessus des êtres singuliers, différents les uns des autres, planent des êtres transcendants, qui ne possèdent que les propriétés communes aux premiers, êtres insaisissables aux sens, que la raison seule atteindrait. La foi en leur existence est fortifiée par l'habitude que nous avons de leur attribuer un nom, l'homme, le chien, le cheval, etc... Mais cette croyance n'est qu'une opinion vide, c'est-à-dire une hypothèse qu'aucune expérience ne peut venir vérifier, et qui, de plus, n'est point nécessaire pour expliquer la formation des idées générales; car ces idées n'étant que des anticipations de sensations, on comprend que l'expérience, enregistrée par l'habitude, suffise à en rendre compte.

Il n'y a donc point d'idées pures; toutes nos idées naissent des sensations et se réduisent à des sensations: elles se produisent par contiguïté et par ressemblance : la raison n'ajoute rien au contenu de la pensée; elle ne fait que combiner les données des sens.

Maintenant qu'il est établi que la raison n'est pas une source originale de connaissances, mais dérive de la sensation, recherchons comment celle-ci se produit.

Nature de la sensation. — Ce qui a fait méconnaître aux philosophes la véritable origine de la sensation, c'est qu'ils ont commencé par étudier la vue ou l'ouïe, au lieu de porter leur attention d'abord sur le sens du toucher, dont le fonctionnement est plus aisé à expliquer. Entre l'objet vu et l'œil qui voit il n'y a, semble-t-il, aucun intermédiaire, de même qu'entre l'origine du son et l'oreille qui entend. Alors la sensation paraît être une action à distance, le résultat d'une sorte d'attrait, de sympathie entre le sujet qui sent et l'objet senti. Tout mystère se dissipe, pour qui comprend que le sens type est le toucher. Lorsqu'une sensation tactile naît en nous, c'est qu'un corps extérieur au nôtre fait impression sur une partie quelconque de notre peau. Il n'y a ici aucune action à distance, aucune sympathie mystérieuse. Un ébranlement s'est propagé, par contact direct, du corps touché dans le corps qui touche. Si ce dernier était inanimé, la sensation ne se produirait pas : il faut, pour qu'elle se produise, que le choc se transmette des parties grossières du corps aux corpuscules plus fins de l'âme, disséminés dans toute la masse du corps, et que ceux-ci le communiquent à la partie la plus subtile de l'âme concentrée dans le cœur. La sensation résulte donc d'un ébranlement déterminé dans l'organisme vivant par un choc extérieur.

On ne peut douter que ce soit ainsi que procède le toucher. C'est sur ce modèle simple qu'il faut se représenter le fonctionnement des autres sens.

Quand nous odorons, voyons, ou entendons, aucun intermédiaire n'apparait entre l'objet senti et l'organe du sens. N'hésitons pas à affirmer qu'il en existe. Il y a des particules qui s'échappent des corps odorants, et qui, disséminées de toutes parts dans l'atmosphère, viennent faire impression sur la paroi interne du nez. Il y a des pellicules extrêmement minces, qui se détachent sans cesse des objets visibles, et qui se dispersent au loin avec des vitesses inimaginables ; ce sont ces pellicules qui, venant frapper sans relâche la partie sensible de l'œil, déterminent en nous les sensations de couleur, de forme et de distance. Il y a de même des particules de son qui s'échappent des corps frappés, et qui, à travers tous les obstacles, à travers même les corps solides, cheminent jusqu'à notre oreille où elles font impression. Tous les sens sont donc des variétés du toucher ; et toutes les sensations, si diverses qu'elles soient, sont dues à des contacts.

Ne sourions pas de ces particules du son et de

ces pellicules que notre philosophe, par une induction hardie, fait cheminer à travers l'espace. Sans doute il ignorait que le son n'est pas un corps, mais un mouvement vibratoire des molécules des corps. Il ignorait de même la vraie nature de la lumière, ou plutôt ce que nous regardons comme la vraie nature de la lumière. Il ne savait pas que ce qui se propage entre l'objet vu et notre rétine, quand nous voyons une couleur, n'est rien de pondérable, n'est pas, par suite, une partie du corps lui-même, et que par là diffèrent la vision et l'olfaction : il n'avait point nos idées sur l'éther et ses vibrations. Mais plus est manifeste l'ignorance de ce Grec du IIIe siècle avant notre ère, plus ressort le mérite qu'il a eu d'affirmer que toute sensation résulte d'un contact, et que si rien dans le milieu extérieur ne se propageait de l'objet senti au sujet sentant, aucune sensation ne naîtrait en nous. En ce qui concerne l'olfaction, les vues d'Épicure se sont trouvées exactement vérifiées. En ce qui concerne l'audition et la vision, nous n'admettons plus que ces opérations soient dues à un transport de matière ; ce qui, selon nous, se transmet, ce ne sont point des corps, si subtils qu'on les imagine, c'est un mouvement qui va de particule en particule. Mais si la science a raffiné la conception du philosophe, elle n'en a point rejeté l'essentiel.

Résultant toujours d'une rencontre, d'un contact immédiat, la sensation, cette première connaissance, n'est à aucun degré notre œuvre, le résultat de notre initiative. Elle est déterminée dans notre âme par l'objet connu lui-même. Quand elle pénètre en nous, à la suite de l'impression, notre passivité est entière ; nous n'évoquons aucun souvenir, nous ne formons aucune hypothèse, nous ne faisons aucun raisonnement. La sensation est une pensée simple, élémentaire, elle est comme un atome de pensée.

Comme l'âme ne participe en rien à la confection de cette pensée, qui est l'œuvre de l'objet même, en tant qu'elle sent, elle ne saurait rien ajouter à ce qu'elle éprouve, ni rien en retrancher. Passive comme la cire molle, l'âme qui sent ne peut que se mouler exactement sur le corps qui laisse son empreinte en elle. La sensation ne peut aller ni au delà, ni en deçà de l'objet senti. Elle ne peut être trompeuse. Il n'y a donc pas d'erreurs des sens.

Avec une audace tranquille, au milieu du peuple de sophistes, de sceptiques, de dialecticiens qui remplissaient les écoles philosophiques de la Grèce, Épicure soutient que toutes les sensations sont vraies.

Toutes les sensations sont vraies ! Quelle affirmation scandaleuse ! La marque de la vérité est la non-contradiction. Or, les sensations ne se contredisent-elles point sans cesse ? Elles se contredisent d'un homme à l'autre, puisque le vin qui paraît doux à celui-ci est senti comme amer par celui-là ; elles se contredisent d'un sens à l'autre, puisque le bâton plongé dans l'eau, qui est droit pour le toucher, est courbé pour la vue ; elles se contredisent enfin pour le même sens, puisque la tour qui paraît ronde à distance, de près apparaît carrée. Qu'un sophiste comme Protagoras soutienne la thèse que savoir est sentir, on le comprend, parce qu'au fond, comme tous les sophistes, Protagoras est persuadé qu'il n'y a pas de science, qu'il n'y a pas de vérité. Mais qu'un dogmatique comme Épicure, qu'un homme de cette gravité qui prétend démontrer une doctrine, affirme la vérité des sensations, bien mieux ! de toutes les sensations, voilà qui est d'une naïveté un peu forte; un système établi sur un fondement aussi ruineux ne peut manquer de s'écrouler.

Épicure ne se dissimule pas toutes les difficultés qui l'attendent : il n'en est pas moins réduit à soutenir que le criterium de la vérité est la sensation et que toutes les sensations sont vraies.

Prendre le parti d'être sceptique, il n'y peut songer : le doute ne lui paraît point être ce qu'il sera plus tard pour Montaigne, un doux et mol oreiller; il ne partage point l'avis de Pyrrhon et ne croit pas que l'ataraxie, l'absence de trouble, suive le doute comme l'ombre suit le corps; le doute lui paraît un état pénible et qui surtout a le défaut de nous laisser en proie aux craintes superstitieuses; c'est par la brèche du doute que la religion pénètre dans notre esprit; pour résister à la foi, ce n'est pas trop de la certitude.

Cette certitude, si indispensable qu'on ne saurait sans elle mettre un pied devant l'autre, va-t-on la demander à la raison? Mais la raison est aussi suspecte à Épicure que la foi; de plus il a, nous l'avons vu, réduit toutes les idées à des combinaisons de sensations.

La raison nous renvoie donc aux sens, d'où elle tire son origine. Serons-nous timides ici, et, tout en proclamant la vérité de quelques sensations, renierons-nous l'autorité de toutes celles qui sont contredites? Cette solution moyenne est inacceptable. Si une seule sensation est reconnue fausse, c'en est fait de la valeur de toutes les autres. Le bon sens n'exige-t-il pas qu'on retire tout crédit à celui qui, ne fût-ce qu'une fois, a été convaincu de mensonge?

Au reste, par quoi les sensations pourraient-elles être contrôlées? Est-ce par la raison? Mais la raison, qui dérive des sensations, n'a pas qualité pour les rectifier. Est-ce la sensation d'un sens qui condamnerait celle d'un autre? Mais ce qui fait impression sur la vue n'est pas ce qui fait impression sur le toucher; les objets des différents sens étant différents, il ne peut pas y avoir de contradiction d'un sens à l'autre. Se servira-t-on, enfin, de la sensation d'un sens pour juger fausse une autre sensation du même sens? Mais ces deux sensations sont d'égale autorité : au nom de quel principe l'une serait-elle choisie pour juger l'autre?

Force est donc ou de rejeter absolument toute certitude, ou de soutenir que toutes les sensations sont vraies.

Eh quoi? les sensations de doux et d'amer sont donc vraies au sujet du même vin! vraies aussi les sensations de droit et de courbé, au sujet du même bâton; vraies enfin, les sensations de rond et de carré, au sujet de la même tour!

La contradiction est le signe de l'erreur. Épicure le reconnaît; les diverses représentations énumérées sont contradictoires chacune à chacune, il le reconnaît encore. Mais il se tire de la difficulté en niant que la contradiction soit entre les sensations.

Assurément la tour ne peut être à la fois ronde et carrée; mais c'est par une équivoque qu'on dit qu'elle est l'objet de ma vue. Le véritable objet de ma vue, c'est-à-dire ce qui fait directement impression sur mon œil, n'est à aucun moment la tour elle-même, puisque la tour n'est vue qu'à distance et que la sensation ne se produit jamais à distance. Ce que je sens, ce ne sont point les pierres de la tour, ce sont les simulacres émanés de ces pierres et projetés à travers l'atmosphère jusqu'à mon œil; le plus souvent les atomes qui composent ces simulacres, gardent exactement, durant le trajet, la disposition réciproque qu'ils avaient, lorsqu'ils faisaient encore partie de la tour; et c'est ainsi qu'à une courte distance ils me font sentir la forme carrée du monument; mais en route il leur arrive mille accidents, ils se réduisent de quelques atomes arrêtés par l'air ambiant, leur disposition change peu à peu, la figure qu'ils présentent se déforme, parfois elle se déchire, et lorsque enfin, après un long parcours, les simulacres successifs me parviennent, ils ne sont plus les mêmes qu'ils étaient à une courte distance de leur lieu d'origine. Si, de loin, je vois la tour autrement que de près, il ne faut donc pas en faire un reproche à la vue; i faut lui en faire un mérite. Et, retournant hardiment l'argument contre ses adversaires, Épicure ajoute : ce n'est pas le sens qui est en défaut ici, c'est la raison : car la représentation de la tour lointaine est son œuvre et non celle de la vue. Dire, en effet, qu'à trois cents pas il y a une tour ronde, c'est dépasser ce qui est donné, faire une hypothèse, juger qu'à la suite des sensations visuelles qu'on éprouve actuellement, on en éprouvera, à mesure qu'on se rapprochera, d'autres qui ne cesseront d'être d'accord avec les premières, et qu'enfin parvenu contre la tour, on éprouvera en la touchant la sensation d'un objet rond. La contradiction n'est donc point entre deux sensations, mais entre deux anticipations de sensations. Elle n'est pas imputable au sens, mais à la raison.

L'analyse de la seconde erreur alléguée conduit au même résultat. Qui osera prétendre que la vue a tort de nous faire sentir une forme courbée, lorsque le bâton est à demi plongé dans l'eau? est-ce qu'alors les simulacres ne sont pas déviés? Notre seul tort, et il retombe entièrement sur notre raison, est de croire, parce que nous avons cette sensation visuelle, que nous devons nous attendre à éprouver des sensations tactiles correspondantes. Mais c'est notre attente qui est vaine, notre induction qui est fausse, non notre sensation.

Qu'on ne s'imagine pas qu'Épicure soit embarrassé par l'exemple du vin, parce qu'ici il semble y avoir contact direct du corps goûté avec l'organe sentant. Peut-on dire en toute rigueur que le même vin soit goûté par deux hommes différents? La sensation du goût résulte de la pénétration à travers les pores de la langue de quelques atomes triés parmi ceux qui composent le liquide goûté. Or, il est possible que ces pores n'aient pas chez deux hommes différents la même ouverture ni la même forme, que par suite les atomes de l'amertume ne puissent faire impression sur l'un et entrent aisément dans les pores de l'autre, et que le phénomène inverse se produise pour les atomes du doux. On conçoit alors que, bien que le même vin franchisse le gosier de l'un et de l'autre, ce ne soient point les mêmes groupes d'atomes qui affectent les sens des deux buveurs. Ils devraient se contenter de dire l'un qu'il sent l'amer, l'autre qu'il sent du doux. Leur seul tort est de préjuger, d'attribuer au vin lui-même la qualité qui n'appartient en toute certitude qu'à une partie du liquide.

On prête souvent à Épicure cette opinion qu'aucune erreur n'est jamais commise dans la représentation des choses. Rien n'est plus injuste. Quand Lucrèce donne une énumération des principales erreurs de la perception, il est, comme toujours, l'interprète fidèle de la pensée de son maître. Il n'échappait pas aux Épicuriens qu'à celui qui se trouve sur un vaisseau, le vaisseau paraît immobile, la côte paraît en mouvement, que le cheval arrêté au milieu d'une eau courante semble, si l'on regarde les flots qui se brisent sur son poitrail, s'avancer contre le courant, que si, après avoir tourné longtemps, on s'arrête brusquement, les objets environnants aussitôt paraissent tourner, que dans une étroite flaque d'eau on croit voir l'immensité du ciel, que les dernières colonnes d'un portique paraissent de loin se rapprocher et se toucher. Non seulement ils connaissaient ces illusions, mais ils reconnaissaient que ce sont des illusions. Toutefois, au lieu de les attribuer aux sens, ils les attribuaient à l'esprit. Ils ne confondaient point, en effet, sensation et perception, la perception étant toujours une interprétation, une anticipation, une idée, l'œuvre de la raison et non le résultat d'une impression matérielle. Ce qui cause la méprise sur ce point, c'est que parmi les dogmes d'Épicure on trouve celui-ci, que la grandeur réelle du soleil ne dépasse pas sa grandeur apparente. Faute de connaître les textes, on croit qu'Épicure a soutenu cette thèse en vertu du principe que les sens ne nous trompent pas. Mais s'il l'a fait, ce n'est pas en s'appuyant sur une sensation, c'est en se fondant sur une induction. Il remarque, en effet, que les lumières et les feux terrestres ont beau être éloignés de nous, ils gardent tout leur éclat et ne perdent presque rien de leurs dimensions apparentes. Appliquant la même loi aux feux célestes, il infère que, si grand que soit l'éloignement du soleil, cet astre ne peut pas être plus grand qu'il ne paraît.

Ainsi, toute représentation illusoire se rapporte à un objet lointain et hors de la portée des sens. Mais il n'y a pas d'erreur absolue ; si l'on examine avec soin une perception illusoire, on trouve toujours un objet qui a été senti tel qu'il est vraiment. Cet objet réel n'est pas celui que croit l'homme qui se trompe : c'est le simulacre, qui fait directement impression sur les sens.

Cette offensive hardie d'Épicure, qui retourne contre la raison les accusations portées contre les sens, ne met pas fin à la bataille. Il y a des sensations auxquelles il est difficile de trouver un objet, et qui, par suite, paraissent bien être fausses. L'homme qui rêve éprouve des sensations fort intenses ; elles le sont à tel point qu'elles provoquent dans son corps des réactions et même parfois font de lui un somnambule ; et cependant les rêves sont vains ; les sensations qui les composent ne sont déterminées par aucun objet réel. L'halluciné Oreste, par exemple, dont les yeux se dilatent d'épouvante devant les Furies vengeresses, est bien un homme qui a des sensations et cependant les couleurs qu'il voit, les bruits qu'il entend, ne sont produits, semble-t-il, par aucun objet. Le poète, enfin, l'artiste, celui qui peint par des couleurs ou des mots un centaure, une bataille, un banquet, l'homme d'imagination est semblable à l'halluciné : il voit, il sent ce qu'il représente, au point d'en oublier le monde réel. Il y a donc des cas où la sensation ne diffère point de l'image ; des sensations peuvent surgir en nous sans être provoquées par rien, la sensation n'adhère point nécessairement à une réalité, en un mot il peut y avoir des sensations fausses.

Toute la philosophie d'Épicure s'oppose au mysticisme : il ne peut donc admettre que les apparitions merveilleuses, les hallucinations, les rêves soient la révélation faite aux hommes d'un monde surnaturel et suprasensible. Va-t-il accorder qu'il y a des sensations sans objets, des sensations fausses? ce serait, nous l'avons vu, renoncer à toute certitude, aboutir au scepticisme. Pour se tirer d'embarras, Épicure appelle à son aide ces simulacres, qui lui ont déjà permis d'expliquer la sensation : ils vont lui servir maintenant à expliquer l'image. L'image a ceci de commun avec la sensation, qu'elle s'impose à nous, qu'elle nous affecte, nous obsède et parfois résiste à notre volonté ; elle en diffère en ce que nos sens ne peuvent la saisir. Or ce qui fait impression ne peut être un pur néant : à l'image correspond donc un objet en dehors de nous, un simulacre. Seulement il est plus subtil que ceux qui font impression sur les organes de nos sens. Le simulacre correspondant aux images des rêves et des hallucinations est trop fin pour être arrêté par le tissu grossier de l'œil ou de la peau ; il va au delà, pénètre à travers notre corps, jusqu'à ce qu'il rencontre l'âme, dont le tissu plus délié peut seul l'arrêter. L'image peut être définie une sensation de l'âme.

Il existe donc autour de nous des simulacres plus légers encore que ceux qui nous font percevoir les objets présents ; ces émanations se transportent à de grandes distances, elles continuent à voltiger même après la destruction du corps qui leur a donné naissance : c'est ainsi que nous apparaît durant le sommeil l'image des morts que nous pleurons. Ces simulacres se composent parfois les uns avec les autres ; et c'est ainsi que par hasard l'image du cheval peut s'unir avec celle de l'homme pour former le Centaure. Assurément, il est à remarquer que chacun de nous est disposé par ses occupations et ses passions à voir apparaître telles images plutôt que telles autres ; cette action de l'habitude s'explique mécaniquement ; c'est que l'accès de l'âme est rendu plus aisé par les simulacres antérieurs pour les simulacres qui leur sont semblables. Le fait enfin qu'à un moment quelconque nous pouvons évoquer une grande variété d'images s'explique par la finesse des simulacres, qui leur permet de se trouver en grand nombre autour de l'âme.

Ainsi l'activité de la pensée se trouve réduite autant que possible par Épicure ; il ne se contente pas de déclarer que la sensation ne suppose aucune mémoire, aucune raison ; dans l'image même il ne reconnaît aucune spontanéité de la part du sujet, il ne voit qu'un état passivement subi ; ce n'est pas assez de dire qu'elle se ramène pour lui à des sensations antérieures, elle n'est qu'une sensation ; elle est déterminée actuellement par un simulacre externe.

Assurément, Épicure abuse ici de ces simulacres invisibles, impalpables, qui franchiraient la barrière des sens pour parvenir jusqu'à l'âme. Il n'a pas eu l'idée, que devaient avoir plus tard les philosophes cartésiens, d'expliquer l'imagination par le jeu d'un mécanisme intérieur au corps vivant ; son hypothèse, plus compliquée que la leur, est moins d'accord avec les faits.

S'il a été contraint de l'adopter, c'est qu'il avait besoin des mouvements internes de l'âme pour expliquer la pensée proprement dite, celle qui forme des anticipations. Afin de rendre compte du jugement et des opérations de l'entendement, les Cartésiens font appel à l'existence d'une âme immatérielle. Épicure s'est à dessein privé de cette ressource ; en vertu des principes qu'il a posés, il lui faut admettre que toute pensée n'a lieu que par suite d'un mouvement des atomes. Or les atomes de l'âme peuvent se mouvoir de deux manières, soit sous l'impulsion directe des idoles venues du dehors, soit en conséquence de leurs mouvements internes. Dans le premier cas, qui est celui de la sensation et de l'image, l'âme étant entièrement passive, aucune erreur n'est possible ; dans le second, qui est celui de l'anticipation, comme par ses mouvements propres, l'âme prend les devants sur la sensation future, elle court le risque de tomber dans l'erreur. Lorsque les impressions ultérieures agissent dans le sens où à l'avance les atomes de l'âme se sont dirigés, l'anticipation se trouve confirmée, et l'opinion formée est pleine et solide; dans le cas contraire, lorsque les impressions des sens viennent à l'encontre des mouvements spontanés de l'âme, et les arrêtent, l'anticipation se trouve infirmée, et l'opinion formée est vide. Cette interprétation permet de comprendre comment Épicure a pu appeler l'anticipation une ἐπιβολή, expression que Lucrèce traduit par *jactus animi*, c'est-à-dire un jet, un mouvement soudain et spontané des particules de l'âme.

De ce que les sensations sont toutes vraies, et que les idées sont tantôt vraies, tantôt fausses, se déduit le canon, la méthode qu'il faut suivre pour découvrir la vérité. Les idées ne sont que des hypothèses; il ne convient donc de s'y tenir que si elles s'appuient sur quelque témoignage sensible : dès qu'une seule sensation témoigne contre elles, il ne faut pas hésiter à les rejeter. La marque de la vérité pour une théorie est donc qu'elle s'appuie sur les sensations, ou du moins qu'aucun témoignage des sens ne la combatte. Telle est la méthode qui nous a permis d'édifier la physique; c'est elle encore qui nous servira pour constituer la morale.

MORALE

Le savoir à lui seul n'apporte aucun bonheur; la physique et la canonique n'ont de prix qu'autant qu'elles préparent à comprendre la morale. Si nous nous sommes appliqués à distinguer le vrai du faux, à définir la place exacte de l'homme dans l'univers, c'est afin de marcher d'un pas plus assuré dans la vie.

Le bien n'est pas de complaire à la divinité. — Les dieux existent, mais ne s'occupent point du monde. A ces êtres impassibles, nos actions ne sauraient faire ni plaisir, ni peine. Entre eux et nous, il n'y a point de pacte, ni de services échangés. Nous n'avons au-dessus de nous aucun maître qui envie notre bonheur ou se réjouisse de nos larmes; nous n'avons non plus aucun ami divin qui compatisse à notre détresse et nous prête le secours de sa force. Aucune voix ni courroucée ni favorable ne répond à nos prières; les espaces infinis sont éternellement silencieux; l'homme s'y dresse, isolé, mais libre.

C'est dans la crainte de châtiments, dans l'espoir de récompenses que l'on rend un culte aux dieux : cette crainte est vaine comme cette espérance; la religion fait banqueroute. On ne voit point la terre s'ouvrir sous les pieds des blasphémateurs ; les deuils, la misère, les maladies et la mort ne manquent pas de s'abattre sur les fidèles comme sur les impies. L'histoire est pleine des désastres subis par les peuples les plus croyants, des victoires remportées par les nations les plus incrédules : les dieux trahissent. Comment porteraient-ils secours à leurs amis, eux qui sont incapables de se protéger eux-mêmes ? Ils laissent leurs statues tomber en poussière, et la foudre du ciel n'épargne point leurs temples.

Toujours décevante, la religion est parfois criminelle. Un peuple à qui ses prêtres prescriraient l'homicide et le vol ne tarderait pas à périr : voilà pourquoi les seules religions qui durent sont celles qui recommandent des actions conformes à l'utilité commune. Mais si elles les recommandent, ce n'est pas au nom de l'intérêt général ; c'est aux dieux qu'elles font honneur de ces lois salutaires ; c'est leur volonté capricieuse qui semble fixer arbitrairement ce qui est permis et ce qui est défendu. Ayant ainsi perdu de vue la vraie mesure du bien, le prêtre risque de prescrire et de pratiquer, au nom de ses dieux, le mensonge, le vol, le meurtre. N'est-ce pas un dieu qui a exigé d'Agamemnon le sacrifice de sa fille ?

L'homme religieux nuit donc parfois aux autres : il se nuit toujours à lui-même. Il vit comme un esclave tremblant devant son maître. Malheur à lui s'il a omis de réciter quelque formule, d'accomplir quelque rite ! Si ponctuel qu'il ait été, il garde des scrupules : n'a-t-il pas, sans le vouloir, mécontenté son dieu ? Lorsqu'un plaisir se présente, il n'ose le saisir ; le bonheur lui fait peur : la divinité ne va-t-elle pas en être jalouse? Tout son soin est de deviner quelles décisions ont été prises par les maîtres de sa destinée; il interroge le vol des oiseaux, les entrailles des victimes, la Pythie et les sibylles. Il se lamente à l'avance des malheurs mystérieux qui lui sont annoncés et qu'il croit inévitables. Mais ce qui l'inquiète, c'est moins la vie terrestre que la vie future : qu'adviendra-t-il de lui au delà du seuil de la mort? par quelles pratiques pourra-t-il s'assurer le salut dans l'autre monde? Comme ce monde lui reste à jamais inconnu, le problème est insoluble, et accroît son tourment jusqu'à l'infini.

Qu'a de commun une telle existence avec le bonheur? Peut-on dire que celui qui la subit soit en possession du bien? Il ne soupçonne même point ce que peut être la vertu : il ne peut y avoir de moralité qu'en dehors de la religion.

Selon Épicure, en effet, comme selon toute l'antiquité, l'homme de bien, le sage, est l'homme que rien ne trouble, celui qui ne baisse la tête, ne plie le genou devant personne; c'est l'homme impassible, dont nul, ni mortel ni dieu, ne peut se vanter de détenir le bonheur ou le malheur : c'est Socrate, à l'aise et souriant devant ses juges, buvant avec une douceur et une tranquillité merveilleuses la coupe de ciguë. La sagesse paisible n'a donc rien de commun avec la piété inquiète.

Mais il semble qu'elle n'ait non plus rien de commun avec la recherche du plaisir et la fuite de la douleur. En effet, les choses agréables ou pénibles sont en dehors de nous; elles peuvent tomber entre les mains des autres hommes; elles sont toujours au pouvoir de la fortune : jamais elles ne dépendent entièrement de nous. Si nous mettons en elles notre bonheur ou notre malheur, c'en est fait de notre impassibilité; nous affranchir de l'esclavage des hommes ou des événements nous devient dès lors impossible.

L'acte vertueux, en effet, ne saurait aller contre la nature, parce qu'il serait impraticable; il faut qu'il en accomplisse le désir le plus profond. Or la justice est loin de procurer des plaisirs à ceux qui la suivent, d'écarter d'eux les douleurs; si la sagesse n'est pas une illusion, c'est que notre nature vraie n'est pas l'appétit pour le plaisir, l'aversion pour la douleur, mais la raison, c'est-à-dire l'amour de la justice, de la vérité, de la beauté. C'est pour ces motifs que Platon et les Stoïciens déclarent que le plaisir n'est pas le bien, ni la douleur le mal, qu'on peut être heureux en étant privé de tout plaisir et accablé des plus vives souffrances, pourvu que l'on soit juste, qu'il y a une satisfaction plus pleine que toutes les jouissances physiques, la joie de vivre selon l'honnête et le beau, en un mot que le bien, c'est-à-dire le bonheur, est de pratiquer la vertu. Et s'ils soutiennent que la vertu donne le bonheur, ils n'entendent point que la santé, la fortune, la prospérité résultent nécessairement de l'acte vertueux : car ces récompenses, qui dépendent du cours des choses ou de l'opinion publique, peuvent faire défaut; ils ne veulent même pas dire que le juste sera récompensé après sa mort : ils prétendent que, dès maintenant et quoi qu'il doive arriver par la suite, le juste est heureux, précisément parce qu'il est juste. Au sens où le vulgaire prend ce mot, le sage, selon Platon et les Stoïciens, néglige ses intérêts, car il ne se soucie ni des richesses, ni du pouvoir, ni des plaisirs; mais le vulgaire a tort de le croire chimérique et naïf : car, seul entre tous, il voit que son premier intérêt, la joie la plus intense qu'il puisse goûter et la seule qui soit à tous les instants à sa portée, est de se sentir maître de ses désirs, et en conformité avec l'ordre universel.

Le bien n'est pas de pratiquer la vertu. — Sans doute cette morale ne suppose ni que l'âme soit immortelle, ni qu'après la mort elle reçoive des récompenses ou subisse des châtiments; ni Platon, ni Aristote, ni les Stoïciens ne font appel à ces croyances religieuses. Cette morale est fondée cependant sur deux thèses : d'une part il faut que notre vraie nature soit constituée par la raison, d'autre part il faut que cette même raison dirige aussi la nature universelle. Or ni l'une ni l'autre de ces propositions ne peut être admise par Épicure.

Contraint par ses principes à repousser le rationalisme, il ne peut reconnaître non plus que la vertu soit le bien suprême. L'affirmation constante d'Épicure est, en effet, que dans tout composé, l'élément seul étant réel, est seul aussi digne d'être considéré; l'ordre de la composition, ce qu'on appelle encore le type, la forme ou l'idée, est négligeable, parce qu'il ne s'impose pas aux éléments, mais en résulte : il résulte de leur rencontre qui se fait au hasard. Il n'y a nulle part dans la nature de puissance organisatrice, d'intelligence, d'idées directrices : il n'y en a pas plus en nous qu'en dehors de nous. Ce qui vient d'être dit des composés est vrai aussi de la pensée, qui n'est, comme les corps bruts ou les corps vivants, qu'un agrégat ; de même que ceux-ci sont faits d'atomes, elle est faite de sensations et d'affections, plaisirs et douleurs. La raison, c'est-à-dire les idées de beauté, de vérité, de bien, au lieu de présider à l'organisation de nos pensées, résulte des expériences que le hasard nous a fait subir ; par elle-même elle n'est rien ; tout ce qu'il y a de réel en elle, c'est sa matière, les sensations et les affections. Ce sont ces dernières et non les idées qui constituent notre nature, notre essence.

Ces principes posés, il est impossible d'admettre que nous éprouvions de la joie à pratiquer les vertus. Car nous ne pouvons tirer satisfaction ni de l'ordre que nous mettons dans notre âme, ni de notre soumission à l'ordre universel.

D'une part, en effet, puisqu'il n'y a naturellement en nous aucune idée en germe, aucune semence de vertu, l'état de vertu ne peut pas être pour nous un épanouissement, ni par là même un bonheur. Notre âme ne saurait se trouver mieux d'être ordonnée que désordonnée, mieux d'être belle que laide, puisque l'ordre et la beauté ne lui sont pas plus essentiels que le désordre et la laideur. Comment, d'autre part, pourrions-nous être heureux dans la conscience de notre justice, puisqu'il n'y a pas un type de justice qui s'impose à tout ce qui vit et à tout ce qui pense, puisque la justice n'est rien en soi ? Comment pourrions-nous ressentir une joie à reconnaître la conformité de notre conduite à l'ordre universel, puisqu'il n'y a pas d'ordre universel et que les mondes sont les jouets de l'aveugle fortune ?

C'est donc une naïveté, une duperie de se réjouir d'un acte vertueux parce qu'il est vertueux. Le vulgaire a raison contre les philosophes; le mot intérêt n'a qu'un sens; c'est l'attente de plaisirs à venir. Il n'y a pas des biens sensibles et un bien moral, la vertu, qui l'emporterait sur tous les biens sensibles, il n'y a qu'un bien, le plaisir.

La physique a dissipé les fantômes divins dont les hommes ignorants peuplent la nature, et a réduit tous les phénomènes aux mouvements de ce qui peut se voir et se toucher, de la matière; la canonique a montré que raison, principes, idées, se réduisent aux sensations. Il faut opérer dans les notions morales une réduction semblable; la morale est pleine de fantômes qu'il faut exorciser : le devoir et la vertu sous ses différents noms. Celui qui croit qu'une idée lui permet de saisir un être supérieur à ceux qu'il peut sentir, est dans le faux; il a une opinion vide; de même celui-là se trompe qui croit que la vertu lui confère un bonheur indépendant des plaisirs qu'elle amènera dans la suite; tous deux ressemblent à l'homme qui serait joyeux de posséder la reconnaissance d'une dette, sans songer qu'il ne pourra jamais toucher l'argent qui lui est dû; ils oublient qu'un billet n'a de valeur que par la monnaie qu'il représente, et contre laquelle il faudra bien un jour qu'on vienne à l'échanger; disons encore qu'ils ont l'innocence de l'avare, heureux d'amasser de l'argent, oublieux des plaisirs que l'argent promet.

Le beau, l'honnête, dit Épicure, sont des mots dépourvus de sens, à moins que l'on ne veuille entendre par là ce qui obtient l'approbation de la foule. Mais il est clair alors que le beau et l'honnête ne nous sont point connus naturellement, avant toute expérience de la vie, et qu'ils ne sont pas des biens par eux-mêmes, mais par les avantages sensibles que l'estime d'autrui a coutume de nous valoir. Aurions-nous formé la notion du bien et celle du mal, si nous n'avions éprouvé ni plaisir, ni peine? Évidemment non. Par conséquent, ces notions n'ont pas d'autre contenu que les affections agréables ou pénibles; et comme la forme n'est rien et que la matière est tout, on doit décider que le bien est le plaisir, le mal la douleur. « Otez, dit Épicure, les plaisirs du goût, de l'odorat, le plaisir de voir de belles formes et de brillantes couleurs, les plaisirs de Vénus, et je ne vois plus rien que vous puissiez encore appeler le bien. » Ainsi bien est synonyme de bonheur, et bonheur signifie suite de plaisirs intenses.

Le bien est le plaisir. — Vivre bien, c'est, de l'aveu de tous, vivre conformément à la nature. Mais quelle est cette nature et qu'exige-t-elle pour être satisfaite? Le mot nature s'oppose aux mots habitude et artifice; est naturel ce qui n'est pas acquis, ce qu'on sait sans l'avoir appris d'aucun maître, ni d'aucune expérience. Afin de connaître l'homme dans sa vraie nature, il ne faut donc point considérer l'homme fait, qui a subi l'empreinte de l'éducation et de l'expérience. Il ne faut pas tomber dans la faute de Socrate et regarder comme l'expression de la nature les principes que supposent nos opinions sur le bien et le mal : car ces opinions peuvent se trouver mal formées. Il faut procéder non *à priori*, mais *à posteriori;* il ne faut pas raisonner, mais observer. Il faut observer l'enfant, avant que l'éducation ait dépravé sa nature; il faut observer l'animal, car l'homme n'est qu'un des animaux et le bien de la bête doit être aussi celui de l'homme. Les cris et les larmes du nouveau-né, qui est exposé pour la première fois aux souffles froids de l'air, instruisent mieux sur l'essence du mal que tous les raisonnements de la dialectique. Les animaux sont les miroirs fidèles de la nature : or tous leurs mouvements tendent à conserver le plaisir quand il se présente ; dès qu'une douleur les presse, au contraire, ils s'agitent pour la fuir. Une fois éclairés par ces faits, lorsque nous nous interrogeons sincèrement nous-mêmes, nous sentons tout de suite qu'il faut fuir la douleur et poursuivre le plaisir, comme nous sentons la chaleur du feu, la blancheur de la neige et la douceur du miel. Et si nous nous méprenons sur la fin de la nature, et nous posons en contempteurs du plaisir, en fanatiques de la vertu, nous pourrons toujours constater que nous ne sommes pas sincères, et qu'il nous est impossible de conformer nos actions à nos paroles.

Le principe de la morale se trouve ainsi fondé sur l'expérience, suivant la méthode même dont Épicure s'est servi pour fonder les principes de la physique. De même que la sensation est ce qui décide de ce qui est et de ce qui n'est pas, l'affection agréable ou pénible est ce qui décide de ce qui convient et de ce qui ne convient pas à la nature, et cette proposition complète la canonique.

Le pouvoir qu'a la pensée de l'homme d'embrasser le passé et l'avenir rend pos-

sible et indispensable la constitution d'une morale. — S'il est vrai à la fois que le plaisir soit le bien et que la nature y tende d'elle-même, il semble qu'il soit superflu d'émettre des préceptes, et qu'aussitôt commencée la morale doive prendre fin : la volonté n'a pas, semble-t-il, à intervenir dans notre conduite; pour bien vivre, il suffit de nous abandonner à la pente de nos désirs.

C'est ce dont il faudrait convenir, si la pensée de l'homme ne différait pas de celle de l'animal. Mais de même que nous conservons l'image des sensations antérieures, nous gardons le souvenir des plaisirs et des peines passés; le présent ne nous absorbe pas; le passé se survit à lui-même dans notre mémoire, et il en résulte que nous sommes capables de nous figurer l'avenir; de même que nous allons au delà de la sensation actuelle pour anticiper les sensations qui nous attendent, de même nous imaginons à l'avance les affections agréables ou pénibles liées d'ordinaire à ces sensations. Tandis que l'animal n'a conscience que de la portion présente de sa vie, nous pouvons embrasser dans un seul acte de pensée notre vie entière, et le passé comme l'avenir nous affectent autant que le présent.

Cette ampleur plus grande de notre pensée, qui est en définitive un avantage de l'homme sur l'animal, est ce qui tout d'abord cause nos inquiétudes et nos passions. Car l'imagination de celui qui ignore la philosophie est déréglée : de même qu'il ne manque jamais de se représenter derrière les phénomènes des causes surnaturelles et mystérieuses, de même les plaisirs ou les douleurs qu'il s'attend à éprouver dans l'avenir, lui semblent démesurées.

Les explications théologiques de la nature ont besoin d'être corrigées par la physique, de même les images fantastiques que se font les hommes des choses désirables ou terribles ont besoin d'être réduites et ramenées à de justes proportions par la morale. L'homme est capable de prévision; mais tout d'abord il prévoit mal, parce que tout d'abord sa vue est courte. Il lui arrive de désirer des plaisirs sans faire attention aux douleurs, beaucoup plus intenses, dont ces plaisirs seront suivis; il lui arrive de craindre des douleurs sans se douter qu'elles ne sont que des incommodités passagères, et qu'elles seront suivies d'avantages nombreux et durables. Si à distance ces plaisirs et ces douleurs lui paraissent infinis, ce n'est pas signe que sa pensée soit forte, c'est la preuve au contraire qu'elle est faible; c'est que, faute d'exercice, il est encore incapable d'embrasser sa vie entière, et qu'au delà d'un certain point, il ne voit plus rien que de confus. Il est donc indispensable de définir les limites que ne peuvent dépasser nos plaisirs et nos douleurs.

Si chacun de nos plaisirs, au lieu d'affecter pour un moment une partie de notre corps, se répandait dans toute la masse de notre organisme et se prolongeait sans s'affaiblir à travers la durée, nous ne cesserions pas d'être en possession du bien suprême, notre nature ne réclamerait aucune autre satisfaction, personne n'aurait rien à nous reprocher, et nous n'aurions que faire des préceptes de la morale: une théorie des vertus nous serait superflue. Mais il n'en est pas ainsi : il y a des plaisirs sans durée et qui, loin d'être un bien pour le corps tout entier, le laissent dans un état de faiblesse et de malaise ; il importe de distinguer ces plaisirs passagers, du plaisir stable, parfait, durable, qui est l'objet de notre désir constant.

« Si le plaisir est le bien primitif et naturel, dit Épicure dans sa lettre à Ménécée, ce n'est pas une raison pour rechercher tout plaisir quel qu'il soit : il y a beaucoup de plaisirs auxquels il faut renoncer, parce que l'incommodité qui les suivrait en nous serait plus grande que ces plaisirs; il y a beaucoup de douleurs que nous devons préférer à des plaisirs, lorsqu'il en résulte pour nous des avantages plus grands que les peines endurées. Tout plaisir par sa nature propre est un bien ; mais tout plaisir ne doit pas être poursuivi; de même toute douleur est un mal, mais toute douleur ne doit pas être évitée. C'est d'après la comparaison et le calcul des avantages et des inconvénients qu'il faut se décider. A certains moments nous en usons avec le bien comme s'il était le mal, avec le mal comme s'il était le bien. » Il y a donc un art de vivre et des préceptes de conduite. Les vertus ne sont pas le souverain bien, la fin. « Vos vertus éminentes et belles, dit Épicure dans Cicéron, si elles ne produisaient pas de plaisir, qui les estimerait dignes d'être louées et recherchées? il en est d'elles comme de la médecine : ce n'est pas pour l'art lui-même, mais en vue de la santé que nous l'apprenons. Si l'art du pilote est précieux, ce n'est pas pour lui-même, mais pour son utilité : de même la sagesse, qui doit être regardée comme l'art de vivre, ne serait pas recherchée si elle était sans effet. Si elle peut être désirée en fait, c'est comme moyen d'obtenir le plaisir. »

Après avoir écarté les vertus de la place éminente qu'elles usurpaient, et qui revient au plaisir, nous allons les retrouver sur la voie qui mène au souverain bien. Épicure nie que celui qui est sage, juste, tempérant, courageux, sans être heureux, soit en effet un homme de bien. Mais il ajoute aussitôt que nul ne peut être heureux sans être en même temps sage, tempérant, courageux et juste. Le vice est une maladresse, la vertu un bon calcul, et la morale consiste dans la démonstration de l'utilité que nous avons à pratiquer les vertus.

1° Nul ne peut être heureux sans être sage. — La sagesse est une application constante à apprendre et à retenir ce qui est utile pour le bonheur. Théorique, elle est la philosophie; pratique, elle se nomme prudence.

Loin de nous recommander l'étude des sciences pour elles-mêmes, la philosophie nous interdit toute vaine curiosité; mais il n'y a pas de paix possible quand on ignore ce qu'elle nous enseigne; car tout son effort est de nous délivrer des deux craintes qui empoisonnent la vie de l'homme ignorant, la crainte des dieux et la crainte de la mort.

Quant à la prudence, elle est plus estimable encore que la philosophie. Rien n'est plus utile à l'homme que de s'être exercé à tenir compte de l'avenir comme du présent, à conserver devant son esprit le tableau de sa vie entière. C'est la prudence qui rend possible l'exercice des autres vertus.

2° **Nul ne peut être heureux sans être tempérant.** — Dire comme Épicure que le bien est le plaisir, et ajouter, comme il le fait, que le principe et la racine de tout bien est le plaisir du ventre, c'est, semble-t-il, recommander la sensualité et l'intempérance : avec de tels principes, il semble impossible qu'on ne devienne pas un débauché. Aussi les ennemis de l'Épicurisme ne manquèrent-ils pas, comme nous l'avons vu, de calomnier le chef de l'école et ses disciples : l'expression « vil pourceau du troupeau d'Épicure » est restée dans l'usage; inexacte si on l'applique aux premiers Épicuriens, elle qualifie justement certains Romains, dont l'ignorance égalait la grossièreté, et qui se sont empressés, comme dit Sénèque, de cacher leurs vices sous le manteau de la philosophie.

C'est au nom du plaisir même qu'Épicure repousse la vie de plaisir. Il lui reproche non d'être ignoble ou basse, mais, plus simplement et plus fortement, de n'être pas agréable. Il ne faut se laisser aller ni à la gourmandise, ni à l'ivrognerie, ni à la luxure, non parce que ces vices sont laids et honteux, mais parce qu'ils sont plus féconds en douleurs qu'en plaisirs.

L'intempérance provient d'une erreur ; on croit que la quantité et l'intensité des plaisirs du corps peuvent aller jusqu'à l'infini ; on prête au corps une capacité illimitée de jouir, comme s'il n'avait pas une nature déterminée; on méconnaît la limite que le plaisir ne peut dépasser.

Nous ne pouvons vivre qu'à la condition que les fonctions vitales, dont les principales sont celles de nutrition et de reproduction, s'accomplissent périodiquement. Ces fonctions s'exercent par des mouvements : les corps extérieurs utiles sont introduits dans l'organisme ; des corps intérieurs, superflus ou nuisibles, sont expulsés. Toutes les fois qu'un mouvement nécessaire à l'entretien de la vie n'a pas lieu, nous souffrons, et cette douleur se nomme besoin. Si ces mouvements sont retardés ou accélérés, l'organisme est lésé et nous éprouvons de la douleur. A mesure que les troubles cessent et que l'ordre se rétablit dans le corps, le plaisir succède à la douleur. La question qui se pose est de savoir si les seuls plaisirs que le corps puisse nous faire goûter sont ceux qui résultent de ces mouvements.

Aristippe soutient que le corps ne peut pas nous en faire éprouver d'autres. Un mouvement doux, dit-il, produit le plaisir ; un mouvement violent produit la douleur ; mais dès que tout mouvement cesse, nous n'éprouvons ni plaisir ni douleur. Le plaisir de manger et de boire ne se fait sentir que tant que nous mangeons et que nous buvons ; une fois nos besoins apaisés, nous ne ressentons plus de douleurs, mais nous ne jouissons plus d'aucun plaisir : l'état dans lequel nous sommes n'est ni agréable, ni pénible, il est neutre ; dès que l'activité vitale est suspendue, nous ne sommes pas plus heureux que l'homme qui dort, et si l'on répond que celui-ci parfois éprouve encore des plaisirs, c'est que durant son sommeil des mouvements continuent à s'accomplir dans son corps : l'homme parvenu à l'état d'équilibre serait aussi insensible qu'un cadavre. C'est la thèse même soutenue par Calliclès dans le *Gorgias* de Platon.

La conclusion pratique de cette doctrine est qu'il faut se garder du repos des sens comme de la mort, que, les mouvements de notre corps pouvant devenir de plus en plus nombreux et faciles, les plaisirs n'ont pas de limite, et que tout notre soin doit être de rechercher les moyens de les exciter.

A la vérité, lorsque Aristippe disait qu'il n'y a de plaisir que dans le mouvement, il ne prenait pas ce mot au sens strict de déplacement dans l'espace, mais, comme tous les philosophes anciens, au sens plus général de changement. Par cette formule il résumait sans doute des remarques comme celles-ci : la continuité émousse le plaisir, qui ne se fait sentir avec toute sa vivacité que lorsqu'il succède à quelque douleur; ce qui en ce moment nous est agréable ou pénible ne nous paraît plus tel en d'autres circonstances; ce qui détermine telles affections chez l'un, détermine chez l'autre les affections contraires. Et il en concluait qu'on ne peut rien affirmer de certain et d'universellement vrai à propos de ces affections, et que le plaisir doit être recherché par chacun, sans méthode, au moyen d'une agitation incessante. En un mot, la doctrine d'Aristippe paraît être pour la sensibilité ce que la doctrine de Protagoras est pour l'intelligence. Protagoras déclare que la science et la sensation ne font qu'un, comme Aristippe identifie le bien et le plaisir; Protagoras en conclut aussitôt qu'il n'y a pas de science valable pour tous les êtres pensants; Aristippe conclut de même de son principe qu'il n'y a pas de préceptes de conduite valables pour tous les hommes. La sensation pour Protagoras, comme le plaisir pour Aristippe, sont relatifs à chacun et à chaque moment de la vie de chacun.

Épicure ne veut pas plus de cette agitation que de cette incertitude. Toutes les sensations sont vraies, dit-il; chacune d'elles est absolue. S'il accorde qu'il y a des plaisirs relatifs, il ajoute aussitôt qu'ils s'achèvent en des plaisirs entiers, parfaits, absolus. Aristippe laissait chacun libre de poursuivre le plaisir qui lui agrée dans le moment présent, de même que Protagoras le sophiste s'accommodait de toutes les opinions : le résultat de la doctrine d'Épicure est, au contraire, d'imposer une règle à l'activité comme une méthode à l'intelligence. Le caractère par lequel Épicure se distingue non seulement de Protagoras et d'Aristippe, mais des sensualistes modernes comme Hume et Stuart Mill, son originalité est d'être à la fois sensualiste et dogmatique, et, tout en admettant que nos pensées se réduisent à des sensations et à des affections, de soutenir qu'il y a une vérité fixe et un bien stable.

C'est son matérialisme qui empêche Épicure de recommander, comme le fait Aristippe, la sensualité. Les besoins, observe-t-il, sont causés par les exigences du corps. Comme tous les corps de la nature, le corps humain a des propriétés et des fonctions déterminées; il est impossible de dépasser dans l'exercice de ces fonctions les limites fixées par la nature. Par quoi notre conscience est-elle avertie que cette limite a été atteinte? Est-ce, comme le soutient Aristippe, par l'absence de plaisir et de douleur? Mais il est impossible que nous ne sentions rien ; il n'y a pas de milieu entre le plaisir et la douleur ; une fois nos besoins satisfaits, nous n'éprouvons plus de douleur : c'est que nous éprouvons le comble de la jouissance. Tant que le besoin n'était pas apaisé, et que les mouvements physiologiques n'avaient pas atteint leur terme, quelque chose de la douleur du besoin subsistait encore; à mesure que les mouvements se précipitent, la douleur diminue tandis que le plaisir augmente : pourquoi cesserait-il dès que l'équilibre est rétabli? C'est alors au contraire qu'il atteint son maximum, parce que la nature, ayant atteint sa fin, est entièrement assouvie. Il y a donc au plaisir une limite qu'on ne peut dépasser par aucun artifice, et cette limite est la suppression de la douleur qui révèle un besoin. Que les mots ne nous trompent pas : l'absence de douleur n'est pas un état neutre, indifférent; c'est un état de jouissance positive, c'est l'épanouissement de notre nature. Quand elle y est parvenue, elle est apaisée, heureuse. Il ne sert de rien au gourmet par exemple d'accumuler les mets délicats, les douceurs et les épices; si l'appétit lui manque, il n'en ressentira aucun plaisir; et s'il a faim, il n'obtiendra pas au moyen de tous ces raffinements une quantité de plaisirs plus grande que n'en éprouve l'homme frugal qui mange du pain d'orge et boit de l'eau. Dès qu'il est rassasié, la nature intervient et lui dit : « Tu n'iras pas plus loin; tu ne goûteras pas plus de plaisirs ; la somme de jouissances qui t'est attribuée est épuisée, maintenant que ton corps est rempli; tout ce qui était en ton pouvoir, tu l'as fait;

tu as pu varier, aiguiser ton plaisir, mais non l'augmenter. »

Nous jouirions donc de la félicité suprême en ce qui concerne notre corps si nous pouvions satisfaire, une fois pour toutes, nos besoins physiques, et, comme les dieux, maintenir notre organisme dans un état d'équilibre qui ne serait jamais troublé. En fait, nous ne goûtons que pour un temps et en partie cette félicité : car un de nos besoins n'est pas plus tôt satisfait qu'un autre s'éveille qui réclame nos soins. Mais il est utile de savoir et de se rappeler que notre capacité de jouir est limitée et que dès que nous avons fait cesser la douleur du besoin, nous avons obtenu toutes les satisfactions dont notre nature est capable : c'est sur cette loi physique qu'est fondée la vertu de la tempérance.

« L'habitude d'une vie simple et sans faste, dit Épicure dans la lettre à Ménécée, d'une part assure la santé, et d'autre part pour les actions nécessaires à la vie laisse l'homme allègre et dispos. Si, par intervalles, il nous est donné de jouir de quelque luxe, cette habitude nous dispose à en jouir mieux, et, du reste, nous retire toute crainte à l'égard de la fortune. Lorsque nous disons que le plaisir est la perfection, ce n'est pas des plaisirs des intempérants ni de la sensualité que nous parlons, contrairement à ce que croient par malveillance certains de nos adversaires, ou par ignorance certains de nos partisans, mais l'absence de douleur dans le corps, de trouble dans l'âme : ce ne sont pas les boissons ni les festins ininterrompus, ni la luxure, ni la bonne chère que porte une table somptueuse, qui font l'agrément de la vie, mais une sobriété raisonnée, l'habitude de se demander, avant de désirer ou de fuir une chose, pourquoi il convient de le faire, et de bannir les opinions qui jettent dans les âmes le plus grand trouble. »

Nos désirs sont de deux sortes : les uns sont naturels, les autres artificiels et vains. Les premiers sont les besoins physiques, qui se manifestent à notre conscience par une douleur; une fois que cette douleur est supprimée, ces désirs sont satisfaits. Les autres ne sont déterminés en nous par aucune douleur positive, mais par une vaine opinion, c'est-à-dire par l'espérance de plaisirs toujours plus intenses, toujours plus nombreux. Parmi les désirs naturels, il faut encore faire une distinction : les uns sont naturels et nécessaires, les autres sont simplement naturels. Il n'est pas seulement naturel, il est nécessaire de manger et de boire; mais du pain d'orge et de l'eau suffisent à contenter ce désir; il n'est pas nécessaire de manger du fromage ni de boire du vin; encore ce désir est-il naturel, tandis que celui des mets épicés et des tables somptueuses est entièrement artificiel. Il est sage de supprimer en soi-même tout désir artificiel; d'abord parce que ces désirs ne s'imposent à nous par aucune douleur, ensuite parce que, ne pouvant rencontrer aucune satisfaction définitive, ils vont jusqu'à l'infini, enfin parce qu'ils nous rendent esclaves des choses extérieures et des autres hommes. Il n'est pas aussi aisé de refréner les désirs naturels, parce qu'ils sont excités en nous par une douleur; cependant, autant que possible, il faudra leur résister afin de ne pas émousser le plaisir qu'ils nous procurent lorsque les circonstances permettent de les satisfaire. Les seuls désirs auxquels il faille toujours céder sont les désirs naturels et nécessaires; s'ils sont incoercibles, ils sont aussi aisément satisfaits ; la nature met à notre portée le peu qui nous est nécessaire, et la volupté que nous éprouvons, une fois supprimée la douleur du besoin, est la plus intense, la plus pleine et la plus durable que nous puissions demander à notre corps.

Les désirs artificiels, dit Épicure, vont jusqu'à l'infini et amènent plus de douleurs que de plaisirs : c'est ce que nous allons vérifier par l'analyse des principales passions, l'amour, l'ambition, et le désir des richesses.

L'amour, qui fait oublier à celui qui en est possédé ses intérêts comme ses devoirs, a toujours paru au vulgaire un sentiment mystérieux, dû à quelque influence magique ou divine. Les Grecs, par exemple, disaient qu'il est causé par le fils d'Aphrodite. Déjà Platon avait tenté de détruire cette légende; dans la mythologie philosophique qu'il substitua à celle des poètes, l'amour n'est plus un dieu, mais un être intermédiaire entre les dieux et les hommes. C'était dire que la passion désignée par ce mot ne doit pas être admirée ni approuvée sans réserve; mais c'était reconnaître en même temps qu'elle n'est pas entièrement condamnable, qu'on peut s'en servir, comme il est indiqué dans le *Banquet*, pour parvenir au souverain bien, c'est-à-dire à l'amour des idées : l'amour, selon Platon, vient moins du corps que des idées, il est une imitation de la raison, parce qu'il est un attachement à l'être impérissable.

Épicure se garde de toute mythologie, même philosophique; l'amour, déclare-t-il, n'est pas envoyé par les dieux. Rien de spirituel ne s'y mêle; il a son origine dans un besoin du corps.

L'erreur des amants est de croire qu'il recouvre autre chose, et ils le compliquent alors de désirs artificiels. Une image favorite les obsède; elle s'embellit de toutes les perfections, leur promet des plaisirs infinis, leur inspire enfin le désir de ne faire qu'un avec l'objet aimé. Or, il est impossible que deux individus ne fassent qu'un seul et même être : aussi cette passion, qui ne repose plus sur un besoin physique, mais sur une vaine opinion, est-elle insatiable et fait-elle inévitablement le malheur de ceux qu'elle possède. Santé, patrimoine, goût du travail, liberté, ils perdent tout, et ne cessent pas d'être mordus au cœur par la jalousie : « C'est pourquoi de la source même des délices s'élève je ne sais quelle amertume qui les saisit à la gorge au milieu des parfums et des fleurs. » En vérité, pour prévenir cette passion, il n'est point besoin d'invoquer des commandements divins, ni le devoir ; il suffit de montrer combien est dangereuse l'erreur qui lui donne naissance.

Celui qui sait distinguer les désirs naturels des vains désirs, ne tarde pas à se trouver assez riche. Ce que réclame le corps pour être satisfait, est ou gratuit ou de peu de prix : du pain et de l'eau, voilà ce que la nature exige. A cet égard, personne n'est pauvre. Si les hommes poursuivent la richesse avec tant d'ardeur, c'est qu'ils croient par là même multiplier leurs plaisirs et qu'ils ont pris l'habitude des vains désirs et du luxe. Alors il n'y a plus de limite à leur cupidité; si grandes que soient les richesses qu'ils ont amassées, elles leur paraissent toujours insuffisantes au prix de celles qu'ils convoitent. Quelle vie malheureuse ils mènent dès lors! Quelle agitation, quelles intrigues, quelles angoisses! Et cependant, au milieu de leurs richesses ils ne peuvent manger ni boire plus que ne l'exigent leur faim et leur soif.

L'ambition a une autre origine: elle dérive du besoin naturel de sécurité: les hommes peuvent nous nuire, il importe que nous nous mettions à l'abri de leur méchanceté, et voilà pourquoi nous essayons de les tenir en respect par notre force d'abord, par notre pouvoir ensuite. Mais il y a là un mauvais calcul de notre part: « Les hommes, dit Lucrèce, ont désiré l'éclat et la puissance, afin que leur fortune fût établie sur un fondement solide, et que l'opulence leur assurât une vie paisible; vain espoir: car en luttant pour s'élever au premier rang ils en ont rendu la route périlleuse. Encore ce poste n'est-il pas sûr: semblable à la foudre, l'envie frappe souvent celui qui l'occupe, et le précipite outrageusement dans le noir Tartare. Aussi vaut-il mieux obéir et se tenir en repos que de prétendre à l'empire et d'occuper un trône. Laisse donc ceux qui le voudront s'épuiser en vain et répandre leur sueur et leur sang en luttant dans l'étroit chemin des ambitieux, puisqu'ils jugent par le goût d'autrui, et règlent leurs désirs sur des propos et non sur leur propre expérience..... L'envie, comme la foudre, frappe de préférence les hauteurs et tout ce qui dépasse le niveau commun. » « A celui qui se fait craindre, il est difficile, dit Épicure, de vivre sans crainte. La couronne de l'impassibilité ne peut se trouver sur la tête de celui qui a de grands commandements. » Certes, il faut acquérir assez de bien pour ne pas être méprisé : car les hommes se permettent tout à l'égard de celui qu'ils méprisent. Mais il faut se garder d'être tellement riche et puissant qu'on soit envié : une situation moyenne est convenable. « Comme nous ne sommes que jusqu'à un certain point sûrs des hommes, la sécurité ne devient assurée, et la vie entièrement facile, que dans le repos et lorsqu'on s'est retiré de la foule. » Il faut fuir la vie politique comme un mal, parce qu'elle trouble le bonheur, et vivre caché. Les ambitieux font donc un mauvais calcul : « Se mettre en sûreté à l'égard des hommes est un bien selon la nature, de quelque manière qu'on y parvienne. Certains désirent obtenir la gloire et fixer les regards, pensant ainsi se mettre en sécurité du côté des hommes. Si leur vie est devenue sûre, ils se sont procuré le bien de la nature ; mais si elle n'est pas sûre, ils ne possèdent pas ce qu'ils ont convoité tout d'abord conformément à la nature. »

3° **Nul ne peut vivre heureux sans être courageux.** — La crainte est évidemment un mal, puisqu'elle est l'anticipation d'un dommage à venir ; le courage un bien, puisqu'il dissipe en nous toute inquiétude.

Il est impossible que nous conservions la moindre crainte à l'égard de ce qui ne pourrait nous causer aucune douleur. Tout ce qui nous semble terrible, n'a pour nous cette apparence que si d'abord la douleur et la mort nous effraient. Une fois supprimée en nous la crainte de la douleur et de la mort, il est difficile que nous manquions de courage à l'égard de quoi que ce soit : « car rien n'est plus terrible dans la vie à celui qui a vraiment compris qu'il n'y a rien de terrible dans le fait de ne pas vivre ».

La douleur physique est assurément un mal, mais celui qui l'éprouve n'a pas lieu de se laisser abattre par le désespoir. Si elles sont chroniques, en effet, les souffrances laissent quelques répits, et ces accalmies sont d'autant plus délicieuses qu'elles font contraste avec les états précédents ; intenses, les douleurs durent peu : car si elles dépassent, sans décroître, une courte durée, l'organisme, ne pouvant les supporter, succombe et, à défaut de la santé, la mort nous en délivre.

Au fond, la plupart des hommes craignent la mort, et pourtant il n'est pas rare de les entendre répéter qu'ils aimeraient mieux ne pas être nés, qu'ils désirent franchir au plus vite les portes de l'Hadès : « Quelle folie, dit Épicure, de courir à la mort par dégoût de la vie, quand c'est votre genre de vie qui vous force à envier la mort ! » Toutes ces passions insatiables, qui font détester la vie, sont excitées précisément par la crainte de la mort : avares, ambitieux sont inquiets pour l'avenir, ont peur de manquer un jour des choses nécessaires à la vie ; au fond de toute passion, il y a le désir d'être éternel, la peur de mourir. « Quoi de plus ridicule que d'invoquer la mort quand c'est la crainte de la mort qui empoisonne votre vie ? » Du reste, ce n'est le plus souvent qu'en paroles qu'on invoque la mort : « Si c'est sincèrement qu'on parle ainsi, comment ne quitte-t-on pas la vie? ce qui est à notre portée, si du moins c'est un dessein ferme chez nous : mais si on se moque, on fait le plaisant dans des choses qui ne souffrent pas les plaisanteries. »

Ce que l'on craint d'abord dans la mort, ce sont des événements mystérieux qui attendraient l'âme au delà de cette vie ; l'âme n'étant pas immortelle, cette crainte est chimérique ; figurons-nous l'état où nous serons après la mort, d'après celui où nous étions avant notre naissance.

On peut craindre encore la mort comme une crise douloureuse. Il est possible assurément qu'elle soit précédée de vives douleurs; mais, d'après la remarque précédente, nous pouvons être assurés que de telles douleurs seront de courte durée. Quant à la mort elle-même, comment pourrions-nous la craindre? Nous ne pouvons jamais être en sa présence. « Tant que nous sommes, la mort n'est pas là, et dès que la mort est là, nous ne sommes plus. Elle n'est donc rien ni pour les vivants ni pour les êtres détruits, puisque pour les premiers elle n'est pas, et que les autres ne sont plus. »

Répondrons-nous que c'est moins la mort que l'attente de la mort qui fait souffrir? Mais c'est là une vaine parole : si nous savons que la présence de la mort ne fait pas de mal, il est impossible que nous ressentions de la tristesse à en prévoir l'approche.

Un homme, persuadé que l'âme n'est pas immortelle, que la mort elle-même ne peut être douloureuse, pourra encore craindre la mort, comme la cessation de tous ses plaisirs, et du plus grand de tous, du plaisir de vivre; à l'approche de la mort, il pourra regretter avec tristesse de ne point être impérissable, de ne point durer éternellement. Vain regret; en vertu d'une loi inéluctable, tout ce qui est composé doit un jour se dissoudre : il en est des individus, comme des espèces et des mondes : « Certaines espèces s'accroissent, d'autres dépérissent ; en peu de temps, les générations se remplacent, et, semblables aux coureurs dans le stade, se transmettent le flambeau de la vie. » Au reste, quel intérêt aurions-nous à vivre plus longtemps ? L'avenir ne nous réserverait aucun plaisir nouveau : les seuls plaisirs que nous puissions éprouver sont ceux qui résultent de la satisfaction d'un besoin, et nos besoins sont toujours les mêmes. « Que répondrions-nous si la nature prenait tout à coup la parole pour adresser à l'un de nous ces questions : Qu'as-tu donc, mortel, pour t'abandonner à des plaintes si amères. Pourquoi la mort t'inspire-t-elle tant de gémissements et de pleurs? La vie jusqu'à ce moment sans doute a été bonne pour toi, et tous les biens possibles n'ont pas passé vainement entre tes mains comme l'eau qu'on verse dans un vase sans fond? Alors que ne sors-tu de la vie comme un convive rassasié ? Que n'acceptes-tu tranquillement ce repos que rien ne trouble? Mais si tous les biens dont tu as joui ont été follement dissipés, si la vie t'importune, pourquoi vouloir y ajouter des jours qui seront encore tristement perdus et qui s'écouleront sans plaisir pour toi ? Ne vaut-il pas mieux finir ta vie et tes souffrances? Car de m'ingénier à t'inventer d'autres plaisirs, je ne puis : tout sera toujours de même. Quand ton corps ne serait point déjà flétri par les ans et tes organes usés et paralysés, il ne te reste toujours que la même chose à attendre, dusses-tu survivre à toutes les générations futures, dusses-tu même ne jamais mourir. »

« Le sage, dit Épicure, dans la lettre à Ménécée, ne demande pas à mourir, mais il ne craint pas de ne plus vivre : car la vie ne lui est pas à charge, et le fait de ne pas vivre ne lui paraît pas un mal. De même que pour la nourriture ce n'est pas la plus abondante, mais la plus délicate qu'il choisit ; de même pour la durée, ce n'est pas la plus longue, mais la plus agréable qu'il préfère. » La durée de la vie importe donc peu au bonheur ; ce n'est pas la quantité, mais la qualité des plaisirs qui est à considérer.

La douleur et la mort n'étant pas à craindre, il n'y a pas de sagesse à craindre l'avenir. Et pourtant la plupart des hommes attendent avec anxiété les événements, ils ont une telle impatience de les connaître qu'ils se livrent avec crédulité à la fausse science de la divination. Or la divination est mensongère, non seulement parce que les dieux ne s'occupent pas de nous révéler l'avenir, mais surtout parce qu'ils ne le pourraient pas, même s'ils le voulaient. L'avenir, en effet, grâce à la déclinaison des atomes, est indéterminé. Il n'est pas vrai dès maintenant qu'un des deux membres de cette alternative soit vrai : Épicure sera demain ou vivant ou mort. Chacun des événements est libre à l'égard des événements qui le précèdent. « Il faut se rappeler (Lettre à Ménécée) qu'au sujet de l'avenir on ne peut dire ni qu'il nous appartient ni qu'il ne nous appartient absolument pas, afin que nous ne l'attendions pas comme s'il devait arriver, afin que nous ne désespérions pas non plus de le voir arriver selon notre désir. » Celui qui craint très peu le lendemain s'avance très agréablement vers le lendemain. « Crois, dit Horace, que toute journée est la dernière qui brille pour toi, et l'heure qui n'est pas espérée sera pour toi un agréable surcroît. » Quand une cause de mort nous paraît s'approcher, considérons combien il y en a d'autres que nous n'apercevons pas et qui sont plus imminentes. Un homme était préoccupé du danger que lui faisait courir son ennemi; une indigestion cependant l'emporta. La méditation du mal à venir est donc une folie; le mal est assez odieux quand il est venu; celui qui ne cesse de penser à un accident qui lui peut arriver, se donne du tourment, et si l'accident redouté ne doit pas arriver, c'est en vain qu'il s'est rendu volontairement malheureux.

4° Nul ne peut être heureux sans être juste. — Selon la nature, la justice n'est pas un bien. Elle n'est point l'ordre d'un dieu, qui s'en ferait le défenseur tout-puissant et le garant éternel. Elle n'est point non plus une idée immuable, commune à tous les hommes et selon laquelle ils devraient uniformément régler leur conduite. Elle est une convention. Il y a eu des temps où les hommes vivaient sans justice; un jour est venu où l'expérience leur a fait comprendre que leur intérêt était de ne pas se dépouiller, de ne pas se tuer les uns les autres; et ils ont conclu entre eux des pactes, qui sont les règles de la justice. Ainsi se sont constituées les diverses nations. Entre elles, il n'y a pas de justice, tant qu'il n'y a pas de traités, et des traités n'interviennent que sous la contrainte de la nécessité. Sans doute les codes des divers États ont des prescriptions communes; en effet, il y a des biens qui sont regardés comme tels par les hommes de tous les temps et de tous les pays, par exemple la sécurité. Mais il y a aussi des différences importantes dans le droit des diverses nations; si on en cherche l'explication, on constate toujours que les lois varient suivant la manière dont les circonstances contraignent les hommes à comprendre l'intérêt général.

Le tempérant n'est point tenté de s'emparer du bien d'autrui, ni de commettre des homicides; le courageux, qui ne craint ni la douleur ni la mort, n'hésite pas à obéir aux ordres de ses chefs. Tempérant et courageux, le sage sera donc nécessairement juste, sans avoir besoin d'aimer la justice : les lois ne sont pas faites contre lui, afin qu'il ne nuise pas, mais en sa faveur, afin que les insensés ne lui nuisent pas.

Quant à ceux qui ne sont ni tempérants ni courageux, la crainte du châtiment leur fera respecter la justice : dans chaque pays, il y a des gardiens des lois et des peines édictées contre ceux qui les transgressent. Mais tous les criminels se flattent d'échapper au châtiment, soit par la ruse, soit par la force. Cette protection humaine étant insuffisante, il a paru bon aux défenseurs de l'ordre social de répandre la croyance à une justice supérieure, justice divine, infaillible et toute-puissante, entre les mains de laquelle la mort livre tous les coupables, les plus hypocrites comme les plus audacieux. Détruisant la religion, Épicure semble abattre la barrière la plus résistante qui puisse contenir les scélérats. L'Épicurien, qui sait qu'il n'y a pas de Providence et que l'âme n'est pas immortelle, ne va-t-il pas être tenté, à l'occasion, de commettre des méfaits, quand il pensera pouvoir les garder cachés, ou quand il se sentira en mesure d'imposer par la force à la justice humaine humiliée la ratification de ses crimes ? Non, l'Épicurien ne sera pas un malfaiteur, il ne cherchera pas non plus à renverser les lois de son pays : il s'y conformera docilement ; il obéira même ponctuellement au monarque, en se rappelant cette réflexion de son maître : « Quand bien même un coupable aurait échappé mille fois aux gardiens des lois, il ne pourrait avoir la certitude de leur échapper jusqu'à sa mort. » Les plaisirs que peut rapporter une scélératesse valent-ils les tourments du remords, la peur d'être découvert qui jour et nuit étreint le criminel ? Notre intérêt même exige donc que nous observions fidèlement cette convention que l'on appelle la justice.

Ainsi, pour pratiquer la tempérance, le courage, la justice, il n'est pas besoin de redouter les dieux ni la mort, crainte funeste à la paix de l'âme et par suite à la vertu véritable ; il suffit de ramener constamment toutes ses actions à la fin de la nature, de poursuivre méthodiquement le plaisir stable, qui est le souverain bien. En posant en principe que le bien est non la vertu, mais le plaisir, Épicure semblait rendre impossible l'existence du sage, de l'homme impassible et serein, affranchi de la servitude des autres hommes comme de celle des choses. Mais ce n'était là qu'une apparence. Assurément, si par plaisir on entend ce que les voluptueux recherchent, la poursuite du plaisir asservit l'homme au lieu de l'affranchir : les plaisirs des insensés ne peuvent être obtenus qu'à grands frais, au prix d'un grand nombre de lâchetés ou de crimes, ou plutôt ils ne peuvent jamais être obtenus ; car la satisfaction, pour laquelle les intempérants dépensent tant de peine, sacrifient toujours leur bonheur et parfois leur vie, est vaine. Le seul plaisir véritable est le seul aussi qui soit à notre portée : c'est celui qui résulte de l'accomplissement de nos fonctions naturelles. Un homme qui sait vivre avec un peu de pain et de l'eau, est en mesure de rivaliser de félicité avec Jupiter.

Il importe moins, pour être heureux, d'avoir un corps sans douleur qu'une âme sans inquiétude. — Si le bonheur du sage ne consistait que dans la suppression de la douleur physique, il ne serait pas encore à l'abri des choses et des hommes ; il serait à la merci des privations ou des maladies ; il ne serait pas seulement précaire, il serait momentané, et périrait à chaque instant, dès que se ferait sentir un nouveau besoin. Ce bonheur a une retraite plus sûre que le corps, l'âme, où il peut défier les assauts de la fortune. Ce qui assure définitivement l'indépendance du sage, c'est ce fait que les sentiments de l'âme l'emportent en intensité sur les affections du corps.

Les affections du corps, en effet, ne concernent que l'instant présent ; les sentiments de l'âme ont veloppent tous les souvenirs du passé, toutes les images de l'avenir, et, bien que le présent nous affecte plus que ce qui a été ou ce qui n'est pas encore, comme il se réduit à un instant, tandis que le passé et l'avenir s'étendent à notre existence entière, la quantité des images compense leur faible intensité, et les sentiments de l'âme se trouvent avoir plus d'importance pour le bonheur que les affections du corps. Une douleur que nous savons ne devoir durer qu'un instant, n'est rien pour nous ; ce qui nous effraie le plus dans nos souffrances, c'est l'appréhension qu'elles ne se prolongent. Pour celui dont l'âme est envahie par la tristesse, aucun plaisir n'a de charme. A l'homme joyeux, aucune torture physique n'est sensible.

Si le corps offre encore quelque prise à la fortune, l'âme lui échappe entièrement. Par la force de la pensée, le sage peut se ménager en elle un asile plus inviolable que ne sont entre les mondes les espaces sereins où vivent les dieux. Si le passé de tous les hommes présente à leur mémoire le spectacle de bien des tristesses et de bien des misères, il n'y a pas d'homme ayant vécu quelque temps qui ne puisse découvrir dans sa vie antérieure le souvenir de quelques moments heureux, où dans la paix du corps son âme était sereine. Ces souvenirs sont toujours à notre disposition, rien ne peut nous les arracher, ni la volonté des hommes, ni la violence des événements ; sachons donc en reconnaître le prix ; apprenons à en extraire tout le bonheur qu'ils recèlent, afin d'en imprégner notre vie entière. Laissons tomber dans l'oubli les souvenirs amers pour recueillir une joie impérissable des plaisirs passés. Flattons-nous de la douce espérance de retrouver dans l'avenir des plaisirs semblables, et, si nous nous rappelons sans cesse que nous n'avons rien à craindre ni des dieux, ni de la mort, que les passions sont mensongères et dangereuses, nous serons enfin en possession du bonheur souverain, notre corps pourra être attaqué par la douleur, notre âme sera dans la joie; le tyran de Phalaris peut jeter le sage dans son taureau d'airain et le faire brûler à petit feu, les flammes et les brûlures ne se font pas sentir à celui qui goûte une béatitude infinie et divine.

« Fortune, dit Métrodore, tu as beau faire. Je suis inaccessible à tes attaques : j'ai fermé, j'ai fortifié toutes les avenues par lesquelles tu pouvais venir à moi. »

Le sage. — Pour mieux assurer le bonheur du sage, avec un soin méticuleux Épicure lui rappelle ce qu'il doit faire et ce dont il doit s'abstenir. Tout en étant content de peu, le sage épicurien ne s'abaisse pas, comme les Cyniques, jusqu'à mendier de quoi satisfaire ses besoins : car il se soucie de sa bonne renommée, dans la mesure nécessaire pour ne pas être méprisé. Il a donc soin d'accroître son bien, non par le commerce, mais par la science.

Il peut se marier et procréer des enfants, parce que se voir renaître dans sa postérité est une consolation; mais, comme d'autre part une famille est une occasion de soucis et de chagrins, il peut aussi ne pas s'en donner une.

Il n'a point d'ambition, obéit scrupuleusement aux lois établies et au monarque; il se garde de jouer un rôle politique ; sa maxime constante est de cacher sa vie. Il n'habite pas les villes, parce que la vie y est factice, et les besoins artificiels ; il tourne le dos à ce qu'on appelle la civilisation et qui n'est que dépravation : il vit parmi les hommes simples, dans les champs.

Ce n'est pas en leur inspirant de la crainte, qu'il essaie de se mettre en sûreté contre les hommes ; c'est à force de générosité qu'il tâche de vaincre leur malveillance. Il est doux pour ses esclaves et a pitié de leur condition. De même que pour récolter la moisson on ensemence la terre, par de bons offices il s'efforce de cultiver l'amitié de ceux qui l'entourent. Les amis forment une garde, l'amitié est un rempart. Parmi toutes les choses dont la sagesse a besoin pour la vie heureuse, il n'y a pas de plus grand bien, de plus agréable à la fois et de plus fécond que l'amitié. « Prends garde, se répète-t-il, avec qui tu manges et tu bois, plutôt qu'à ce que tu manges et tu bois : car sans amis la vie est le repas d'un lion ou d'un loup. » Seul le sage sait obliger ses amis ; il n'exige pas d'eux qu'ils mettent leurs biens en commun avec les siens : car il marquerait par là de la défiance à leur égard. Si l'occasion se présente, il mourra pour son ami.

L'amitié n'est pas fondée seulement sur la communauté de la vie matérielle, mais avant tout sur une communauté de doctrines et de convictions : c'est pourquoi le sage est philosophe ; il ne doute point mais est dogmatique ; il fonde une école et laisse des écrits ; mais il se garde d'avoir une action sur le peuple. Au besoin, il parle en public, mais jamais de son plein gré. Il cultive son jardin secret. Il ne compose point de poème et ne recherche point de beau langage : sa vie même est, pour lui, une œuvre d'art, qui absorbe tous ses soins.

Tel est l'idéal de vie que nous propose Épicure : il faut dire que le sage dont il trace le portrait, et qu'il fut lui-même, est un juste, s'il est vrai, comme il le prétend, que le juste est celui qui est le moins troublé, l'injuste celui qui est le plus rempli de trouble. Est-ce ainsi que nous comprenons aujourd'hui la justice? Certes l'Épicurien ne commettra pas de crimes, du moins de crimes visés par les lois ou réprouvés par la conscience commune; il ne tentera point non plus de coups d'État. Mais il s'accommodera de toutes les disciplines et de tous les régimes : « Il obéira ponctuellement au monarque. » Il ne sera ni malfaiteur, ni tyran; mais il ne sera pas homme à restaurer un droit méconnu, ni à réveiller la conscience populaire : la justice n'est pour lui qu'une convention. Ce ne sera pas un homme dangereux, mais ce ne sera pas non plus un héros du droit. Ce sera un homme docile, effacé, cherchant à se dérober à la vie publique, à tenir le moins de place possible dans la cité. Qu'il y a loin de cette soumission, de cette indifférence, à la fermeté d'un Socrate, à l'énergie des fiers Stoïciens, redressés contre l'arbitraire des Césars romains, pleins de mépris pour la loi du plus fort, travaillant courageusement à édifier la cité universelle des hommes libres! C'est une calomnie, certes, quand on parle des disciples d'Épicure, de les appeler un troupeau, si on veut faire allusion à une vie de débauche et de sensualité qui ne fut pas la leur. Mais ce mot devient l'expression juste quand on pense à l'attitude civique de ces hommes prudents, dont le premier souci était de ne se point attirer d'affaires. Là se révèle la faiblesse de la morale d'Épicure : en niant, par peur du mysticisme, la réalité des idées et la valeur de la raison, en réduisant l'univers à des atomes qui s'agrègent les uns aux autres au gré de la fortune, notre esprit à des sensations combinées ensemble sans règles ni principes, au hasard de l'expérience, Épicure décrète que l'individu existe seul, il tranche les liens qui nous unissent aux autres hommes, il ne peut réussir qu'à nous décourager, et à nous isoler dans notre égoïsme. Il dégoûte ceux qu'il forme de toute activité généreuse, de tout ce qui risquerait de compliquer leur vie; il les dissuade de fonder une famille et d'avoir des enfants; de travailler à l'éducation du peuple et de jouer un rôle dans la cité; il tue en eux le désir le plus obstiné de tous les êtres vivants et pensants, le désir de s'unir, comme dit Platon, à ce qui est toujours le même de la même manière. Certes, il conserve les hommes qui se livrent à lui; mais il les conserve en leur retirant la générosité, c'est-à-dire la vie, en les ligottant dans les bandelettes de la prudence, à la manière de momies desséchées, toutes prêtes à tomber en poussière.

FIN

NOTES BIBLIOGRAPHIQUES

Le livre d'HERMANN USENER, *Epicurea* (Teubner, 1887), indispensable à qui veut étudier la philosophie d'Épicure d'après les textes, rend inutile ici un index alphabétique. Dans cet ouvrage on trouvera d'abord le peu que Diogène de Laërte, dans le Xe livre de sa *Vie des Philosophes*, nous a conservé d'Épicure : trois lettres, la première à Hérodote sur la physique, la seconde à Pythoclès sur les météores, la troisième à Ménécée sur la morale, et les *Maximes;* ensuite, classés d'après les sujets traités, tous les témoignages, très nombreux, que les écrivains grecs et latins nous ont laissés sur Épicure. La table des chapitres, qui termine le livre d'Usener, permet de retrouver aisément dans le volume les textes qui concernent chaque question.

Les lecteurs qui redouteraient le travail nécessaire pour le dépouillement de tous ces documents, sont assurés d'avoir dans le poème de Lucrèce sur *la Nature* un exposé aussi clair que fidèle de la philosophie d'Épicure.

Du Xe livre de Diogène de Laërte, nous signalons deux traductions, épuisées d'ailleurs, l'une, anonyme, parue chez Schneider, à Amsterdam en 1758, l'autre de Ch. Zévort.

La traduction du poème de Lucrèce qui nous a paru la meilleure est celle de L. Crouslé (Bibliothèque Charpentier) : nous y avons fait de notables emprunts.

Voici la liste des principaux ouvrages modernes où est exposée la philosophie épicurienne :

Petri Gassendi opera omnia Lugduni, 1658.

BAYLE. *Dictionnaire :* Article sur Lucrèce.

RAVAISSON. *Essai sur la Métaphysique d'Aristote*, t. II, Paris, 1846.

PATIN. *Études sur la poésie latine*, Hachette, 1869.

MARTHA. *Le poème de Lucrèce.*

E. HAVET. Article de la *Revue des Deux-Mondes*, 1er avril 1869, Hachette.

LANGE. *Histoire du matérialisme*, trad, Pommerol, t. I, Paris, 1877.

RITTER. *Histoire de la philosophie ancienne*, trad. fr., t. III.

Lucretii philosophia cum fontibus comparata, Voltjer, Groningue, 1877.

DENIS. *Histoire des idées morales dans l'antiquité.*

ZELLER. *Die Philosophie der Griechen.*

GUYAU. *La morale d'Épicure*, Paris, 1878.

W. WALLACE. Épicureanism, 1880.

MASSON (JOHN). *The atomics theories of Lucretius*, London, 1884.

MABILLEAU. *Histoire de la philosophie atomistique*, Paris, 1895.

LUCRETIUS. *De rerum natura*, éd. C. GIUSSANI, Torino, 1896-98.

Revue philosophique, t. XII : *l'Épicurisme*, par Wallace; t. XVIII : *Philosophie naturelle d'Épicure*, par Gizycki.

Bibliothèque du Congrès international de philosophie (1900), t. IV : *Histoire*. G. LYON. *La logique inductive dans l'école épicurienne.*

TABLE DES MATIÈRES

Introduction 5
I. Vie et caractère d'Épicure 5
II. Objet et divisions de la philosophie 11
Physique 21
I. Principes généraux 21
II. Formation des mondes et en particulier du monde terrestre. — Théorie des météores 43
III. Origine de la vie. — Anthropologie 53
IV. L'ame : sa nature, sa destinée 64
V. Les dieux 69
Canonique 77
Morale 93

Notes bibliographiques 133

7283-03 — Corbeil. Imprimerie Éd. Crété.

7283-03. — Corbeil. Imprimerie Éd. Crété.

www.ingramcontent.com/pod-product-compliance
Ingram Content Group UK Ltd.
Pitfield, Milton Keynes, MK11 3LW, UK
UKHW012228240726
13966UKWH00003B/1014

9 782012 820036

www.ingramcontent.com/pod-product-compliance
Ingram Content Group UK Ltd.
Pitfield, Milton Keynes, MK11 3LW, UK
UKHW012147240726
13966UKWH00001B/177